北上广地区
数字出版政策及
实施效果比较研究

黄孝章 朱文聘 著

知识产权出版社
全国百佳图书出版单位

图书在版编目（CIP）数据

北上广地区数字出版政策及实施效果比较研究 / 黄孝章，朱文聘著. —北京：知识产权出版社，2017.12

ISBN 978-7-5130-5369-3

Ⅰ.①北… Ⅱ.①黄… ②朱… Ⅲ.①电子出版物－出版工作－研究－中国 Ⅳ.①G237.6

中国版本图书馆CIP数据核字（2017）第324266号

内容提要

本书梳理和汇总了国家及北上广三地政府出台的数字出版产业政策，分析了数字出版政策对数字出版产业发展在生产技术、内容和产品创新、体制机制改革、人才培养、资本运作、市场化和国际化等方面的影响。对我国已有的数字出版产业政策的内容进行重新审视，分析和指出我国数字出版产业现有政策的疏漏与不足，并提出相关发展建议，为政府主管部门制定、修改和完善数字出版产业政策体系提供有价值的参考。

责任编辑：李　婧　　　　　　　责任出版：孙婷婷

北上广地区数字出版政策及实施效果比较研究
BEISHANGGUANG DIQU SHUZI CHUBAN ZHENGCE JI SHISHI XIAOGUO BIJIAO YANJIU

黄孝章　朱文聘　著

出版发行：知识产权出版社 有限责任公司	网　　址：http://www.ipph.cn
电　　话：010-82004826	http://www.laichushu.com
社　　址：北京市海淀区气象路50号院	邮　　编：100081
责编电话：010-82000860转8594	责编邮箱：549299101@qq.com
发行电话：010-82000860转8101	发行传真：010-82000893
印　　刷：北京建宏印刷有限公司	经　　销：各大网上书店、新华书店及相关专业书店
开　　本：720mm×1000mm　1/16	印　　张：9.5
版　　次：2017年12月第1版	印　　次：2017年12月第1次印刷
字　　数：180千字	定　　价：38.00元
ISBN 978-7-5130-5369-3	

出版权专有　侵权必究

如有印装质量问题，本社负责调换。

前　言

数字出版已成为新闻出版业的战略性新兴产业和新闻出版业发展的重要方向。大力发展数字出版产业，是我国实现向新闻出版强国迈进的重要战略任务。

产业的发展离不开政策的引导和扶持。为促进数字出版产业的发展，国家在出版传媒集团体制改革、出版业转型升级、媒体融合发展、创新驱动、文化科技融合、文化金融合作、数字出版"走出去"、"一带一路"文化发展、"互联网+"行动、知识产权保护等方面出台了一系列政策予以扶持，激活了数字出版产业的能量，对数字出版产业的发展起了巨大的推动作用。

数字出版产业在快速发展的同时，也暴露出许多问题。产业发展方向不明、产业结构不合理、产业统计混乱、市场不规范、技术标准滞后、人才缺乏、传统出版企业体制机制依然陈旧和向数字出版转型动力不足等问题还待进一步解决。数字出版产业政策作为政府对数字出版产业发展进行指导和调控的重要手段，在许多方面还不尽如人意，在数字出版产业发展的某些环节上已经跟不上产业发展的速度，满足不了产业发展的需要。

本书通过梳理和汇总国家及北上广数字出版发达地区省（市）级政府出台的数字出版产业政策，对北上广数字出版产业政策特征及实施效果进行比较和评价，直观认识到数字出版产业政策对产业发展在生产技术、内容和产品创新、体制机制改革、人才培养、资本运作、市场化和国际化等方面的影响，对我国已有的数字出版产业政策的内容进行重新审视，分析和指出我国数字出版产业现有政策的疏漏与不足，并提出相关建议，希望为政府主管部门制定、修改和完善数字出版产业政策体系提供有价值的参考，以进一步提高数字出版产业政策的科学性和合理性，为数字出版产业的发展提供更好的政策环境，这对促进数字出版产业更好更快地发展具有十分重要的意义。

本书共分为八章，第一章介绍数字出版产业政策的有关概念。第二章从政策适用范围及内容维度对数字出版产业政策进行了分类。第三章分析和介绍了国家数字出版产业政策的发展历程及政策导向。第四章介绍了北上广数字出版产业政策及发展状况。第五章分析比较了北上广数字出版产业政策的特征。第六章介绍了数字出版产业政策实施效果评价指标体系。第七章分析比较了北上广数字出版产业政策的实施效果。第八章提出了我国数字出版产业政策的发展建议。

本书内容主要为北京印刷学院黄孝章教授承担的北京市社科基金项目（项目编号：15ZHB013）和北京印刷学院重点项目（项目编号：E-a-2013-08）的研究成果。本书在出版过程中得到了上述项目专项资金的支持。

黄孝章　朱文聪

2017年10月12日

目 录

第一章 数字出版产业政策的相关概念 ·················· 1

　第一节　数字出版产业相关政策 ·················· 1

　第二节　数字出版产业概念 ·················· 6

　第三节　数字出版产业发展的几个阶段 ·················· 8

　第四节　产业政策的概念 ·················· 11

　第五节　数字出版产业政策的概念 ·················· 12

第二章 数字出版产业政策分类 ·················· 13

第三章 国家数字出版产业政策发展历程 ·················· 19

　第一节　起步构建阶段(1994—2005年) ·················· 19

　第二节　形成体系框架阶段(2006—2010年) ·················· 21

　第三节　成熟和完善阶段(2011年至今) ·················· 26

　第四节　国家数字出版产业政策导向 ·················· 37

第四章 北上广数字出版产业政策及发展状况 ·················· 43

　第一节　北京数字出版产业政策及发展状况 ·················· 43

　第二节　上海数字出版产业政策发展状况 ·················· 53

　第三节　广东省数字出版产业政策发展状况 ·················· 67

　第四节　北上广国家级数字出版基地政策发展状况 ·················· 80

第五章　北上广数字出版产业政策比较分析 ·········· 87

第一节　数字出版专项政策比较分析 ·········· 87

第二节　数字出版相关政策比较分析 ·········· 88

第三节　数字出版基地政策比较分析 ·········· 90

第四节　数字出版政策特征比较分析 ·········· 91

第六章　数字出版产业政策实施效果评价指标体系设计 ·········· 101

第一节　政策对数字出版产业发展促进作用指标 ·········· 101

第二节　政策对数字出版企业发展促进作用指标 ·········· 102

第七章　北上广数字出版产业政策实施效果比较分析 ·········· 107

第一节　政策实施效果分析的数据来源 ·········· 107

第二节　国家数字出版政策实施效果评价 ·········· 108

第三节　北上广数字出版政策实施效果评价 ·········· 113

第八章　我国数字出版产业政策存在的问题及发展建议 ·········· 121

第一节　我国数字出版产业政策存在的问题 ·········· 121

第二节　我国数字出版产业政策发展建议 ·········· 122

附录A　国家主要数字出版产业政策 ·········· 125

附录B　北上广三地主要数字出版产业政策 ·········· 131

主要参考文献 ·········· 145

第一章 数字出版产业政策的相关概念

第一节 数字出版产业相关政策

目前关于数字出版的定义达几十种之多，说法不一。从时间上来看，2000年以前，有关数字出版的定义很少，在相关学者的文献中，有的称为数字出版，更多的称为网络出版。2007年以来国内对数字出版的研究与日俱增，但仍没有统一明确的定义，随着计算机技术、互联网和通信技术的发展，国内对数字出版的定义范围越来越宽广。下面介绍的几种关于数字出版的定义具有一定的代表性。

国家新闻出版总署和信息产业部联合出台的《互联网出版管理暂行规定》明确指出："本规定所称互联网出版，是指互联网信息服务提供者将自己创作或他人创作的作品经过选择和编辑加工，登载在互联网上或者通过互联网发送到用户端，供公众浏览、阅读、使用或者下载的在线传播行为。其作品主要包括：①已正式出版的图书、报纸、期刊、音像制品、电子出版物等出版物内容或者在其他媒体上公开发表的作品；②经过编辑加工的文学、艺术和自然科学、社会科学、工程技术等方面的作品。"

徐丽芳在《数字出版——概念与形态》解释：数字出版的一个重要特点就是编辑、复制和传播的内容始终以二进制代码的数字形式存在于光、磁、电等介质之上，数字出版另一个最显著的特点是它与生俱来的灵活性，所谓数字出版就是指从编辑加工、制作生产到发行传播过程中的所有信息都以二进制代码的形式存储于光、磁、电等介质中，必须借助计算机或类似设备来使用和传递信息的出版。[1]

谢新洲在《数字出版技术》中把网络出版定义为："出版者采用一定的技术手段将其待出版的作品存放在网络服务器上，以有偿或无偿的方式提供给用户的出版形式。从广义来讲，信息通过互联网向大众传播的过程都可以叫作网络出版；从狭义来讲，网络出版是指出版单位通过互联网向大众传播信息的过程，即出版主体限定为传统的出版单位。"[2]

陈仲原在《浅析网络出版的发展模式》一文中对网络出版是这样界定的："以数字化为技术手段通过互联网、移动电话、交互式电话在内的所有电子信息渠道进行图、文、声等的一种传播流程，称为网络出版。完整的网络出版流程包括3个阶段：获取原始素材、制作数字内容和传播数字内容，并通过有偿提供数字内容的复制品来获取收益。"[3]这里已经把网络出版延伸到手机出版领域。

张志刚主编《网络出版技术概述》中则有这样一段的描述：网络出版指"具备固定域名和合法资格的出版机构，将作品依据互联网定期或不定期地向大众传播的过程。这里的网络出版包括发行"。这里，把概念又进一步延伸为网络出版的主体是"合法资格的出版机构"，并且还包括了网上发行。[4]

张立在分析了"网络出版""跨媒体出版""手机出版""数字出版"等概念概念之后给出了这样的定义：数字出版是指用数字化的技术从事的出版活动。广义上说，只要是用二进制这种技术手段对出版的任何环节进行的操作，都是数字出版的一部分。它包括原创作品的数字化、编辑加工的数字化、印刷复制的数字化、发行销售的数字化和阅读消费的数字化。数字出版在这里强调的不只是介质，还包括出版流程。他还指出，数字出版既包括了

[1] 徐丽芳.数字出版：概念与形态[J].出版发行研究,2005(7):5–12.
[2] 谢新洲.数字出版技术[M].北京：北京大学出版社,2002.
[3] 陈仲原.浅析网络出版的发展模式[R].武汉：首届电子与网络出版发展暨学术研讨会,2003.
[4] 张志刚.网络出版技术概述[M].北京：印刷工业出版社,2004.

新兴媒体的出版，也包括了传统媒体的出版。实际上，在今天，纯粹意义上的传统出版已不复存在，即使纸质出版物，其出版流程也都离不开数字技术的应用。随着数字技术的进一步发展，未来将不再有传统出版与数字出版的划分了，数字出版就是未来出版业的全部，也是未来出版业的方向。❶

国家新闻出版总署《关于加快我国数字出版产业发展的若干意见》（新出政发〔2010〕7号）中，从管理和应用的角度对数字出版作出了如下定义：数字出版是指利用数字技术进行内容编辑加工，并通过网络传播数字内容产品的一种新型出版方式，其主要特征为内容生产数字化、管理过程数字化、产品形态数字化和传播渠道网络化。

目前数字出版产品形态主要包括电子图书、数字报纸、数字期刊、网络原创文学、网络教育出版物、网络地图、数字音乐、网络动漫、网络游戏、数据库出版物、手机出版物（彩信、彩铃、手机报纸、手机期刊、手机小说、手机游戏）等。

数字出版产品的传播途径主要包括有线互联网、无线通信网和卫星网络等。

在2015年国家新闻出版广电总局数字出版司提交给国家统计局的《在对国民经济行业分类增加"数字出版及其他出版业"分类的建议》中又将数字出版分为网络音乐、网络游戏、网络动漫、网络文学、网络地图、网络数据库、网络音视频、数字阅读、网络教育出版服务、网络出版增值服务十项细分类别。各类解释如下。

1.网络音乐

网络音乐是指通过互联网、移动通信网等各种有线和无线方式传播的音乐作品。主要包括通过互联网提供在电脑终端下载或者播放的互联网在线音乐，无线网络运营商通过无线增值服务提供在手机终端播放的无线音乐。

---

❶张立.数字出版相关概念的比较分析[J].中国出版，2006(12).

2.网络游戏

网络游戏指以互联网为传输媒介，以游戏运营商服务器和用户计算机为处理终端，以游戏客户端软件为信息交互窗口的，旨在实现娱乐、休闲、交流和取得虚拟成就的具有可持续性的个体性多人在线游戏。一般指由多名玩家通过计算机网络在虚拟的环境下对人物角色及场景按照一定的规则进行操作以达到娱乐和互动目的游戏产品集合。从渠道上分主要包括客户端游戏（包括PC、网络、移动终端、电视等）、网页游戏和社交游戏；从内容上划分主要包括休闲网络游戏、网络对战类游戏、角色扮演类大型网上游戏、功能性网游等。

3.网络动漫

网络动漫指基于现代信息技术手段创作、生产、发行、消费的动漫产品，以动画、漫画为表现形式，以固网和移动互联网为传播途径，以电视、电脑、移动智能终端等硬件设备为传播载体的动漫出版物。产品主要包括基于桌面互联网和移动互联网的网络动画（电视动画、动画电影）、网络漫画、网络动漫图书、网络动漫报刊、网络动漫表情、手机动漫和手机动漫相关的增值服务（动漫主题壁纸、动漫彩铃、彩信等其他服务）等。

4.网络文学

网络文学指依托互联网创作和传播文学作品的新形态，具有内容丰富、形式多样、题材多元、传播广泛、消费便捷等特点。

5.网络地图

网络地图指以互联网或移动通信网为传输媒介，利用计算机技术，以数字方式利用地理信息系统提供存储和查阅的电子地图。网络地图基于位置服务技术，能够获取终端用户的位置信息并提供与位置相关的各类增值服务。具有实时生成、交互控制、数据搜索、属性标注等特性。网络地图服务包括地图搜索、位置服务、地理信息标注服务、地图下载、复制服务、地图发送、引用服务。提供网络地图服务的机构需要取得测绘等相关资质。

6. 网络数据库

网络数据库指以互联网为载体，以数据库技术为依托，以数字化知识资源文献为支撑，通过对文献资源进行分类、整理和加工，形成系统化、具有强大检索功能的数字出版物及服务。网络数据库出版系统一般包括后台数据库资源、前台知识服务软件以及二者之间的通信和控制程序三部分。

7. 网络音视频

网络音视频指经由互联网传播，可自由点播、自由选择播放载体（如PC、移动终端、网络电视等），且在收听、收看的同时可以对其进行评论交流的音视频内容。其播放时间碎片化，互动性强。主要来源为机构或个人拍摄录制的声音影像（主要包含网络语音、网络短片、网络广告、微电影、网络视频对讲等）。

8. 数字阅读

数字阅读是指使用数字设备阅读利用数字技术将文字、图形等语言文字符号进行编辑加工后，存储在电、光、磁等介质上的数字文本内容。一是从阅读方式上看，数字设备包括但并不限于目前已出现的计算机、手机、电子书阅读器、光盘、PDA、MP4、MP5等；从互联网"在线状态"来看，分为在线阅读与离线阅读；从阅读场合来看，可分为固定阅读与移动阅读。二是从阅读内容看，可分为专业型阅读、教育型阅读和大众型阅读。

9. 网络教育出版服务

网络教育出版服务指教育、出版、互联网等多领域构成的交叉领域，既是传统教育出版业数字化转型的重要组成部分，也与我国教育信息化改革事业密切相关，同时涵盖了由当下新兴的互联网企业所推出的各类面向学习、教育及培训需求的相关产品及服务。是基于K9、K12教育体系的正式出版物在网络上的衍生传播,在互联网进行教育资源传播的出版活动。具体包含网络教材、网络教育资源、网络教辅等。基于网络教育的特点和优势,网络教育出版形成了一种跨学校、跨地区的教育体制和教学模式以及教育类数字产品的出版形式,即运用网络技术与环境开展的教育及教育类出版的服务。

10.数字出版增值服务

数字出版增值服务指通过互联网为个人出版或机构出版在内容上提供可扩展性的定制化服务,也包括更深层次的延伸服务。主要表现形式为网络广告、用户群之间的推广链接、移动终端App所提供的内容及服务。其中,网络广告与传统的广告传播媒体(报纸、杂志、电视、广播)相比优势巨大,对用户注意力资源的合理利用使其做到了覆盖面甚广、投放精准等特点,是网络出版增值服务中最具成长价值者。

随着数字出版技术的发展,新的出版形态会不断地涌现出来,数字出版的内涵及概念也会因此而变化,因此对于数字出版的定义我们也要与时俱进。

本书不对数字出版的概念做过多的学术研究,只从管理的角度,依据新闻出版广电总局数字出版司关于数字出版的最新分类来阐述数字出版产业及数字出版产业政策的相关概念。

第二节 数字出版产业概念

"产业"一词最早由重农学派提出,特指农业。在人类迈入资本主义大生产时代后,产业主要是指工业,在英文中,产业与工业的表示方式都是"industry"。马克思主义政治经济学曾将产业表述为从事物质性产品生产的行业，并被人们长期普遍接受为唯一的定义。20世纪50年代以后，随着服务业和各种非生产性产业的迅速发展，产业的内涵发生了变化，不再专指物质产品生产部门，而是指能够生产各种被人类消费的商品这一范畴。

20世纪20年代，国际劳工局最早对产业作了比较系统的划分，即把一个国家的所有产业分为初级生产部门、次级生产部门和服务部门。后来，许多国家在划分产业时都参照了国际劳工局的分类方法。第二次世界大战以后，西方国家大多采用了三次产业分类法。在中国，产业的划分是：第一产业为农业，包括农、林、牧、渔各业。第二产业为工业，包括采掘、制造、自来水、电力、蒸汽、热水、煤气和建筑各业。第三产业分流通和服务两部分，共4个层次：①流通部门，包括交通运输、邮电通信、商业、饮食、物资供销和仓储等业。②为生产和生活服务的部门，包括金融、保险、地质普查、房地产、公用事业、居民服务、旅游、咨询信息服务和各类技术服务等业。③为提高科学文化水平和居民素质服务的部门，包括教育、文化、广播、电视、科学研究、卫生、体育和社会福利等业。④为社会公共需要服务的部门，包括国家机关、政党机关、社会团体以及军队和警察等。

出版产业是指编辑、生产制作、发行图书、期刊、报纸和音像电子等出版物为主的企业组织及其在市场上的相互关系的集合。根据现行产业的划分标准，出版产业属于第三产业。

数字出版产业是基于数字技术应用的新兴出版产业。1995年，西方七国经济会议最早提出"数字内容产业"（Digital Content Industry）概念。数字内容产业也称为信息内容产业、创意产业等。1996年欧盟公布的《信息社会2000计划》中进一步将其内涵明确为"制造、开发、包装和销售信息产品及其服务的产业"。在中国，尽管《国民经济和社会发展第十一个五年规划纲要》中涉及信息服务业的环节明确提出要"鼓励教育、文化、出版、广播影视等领域的数字内容产业发展，丰富中文数字内容资源，发展动漫产业"，但实际上政府及业界对数字内容产业仍没有明确的界定。从2006年、2007

年、2009年、2011年四届中国数字内容（上海）博览会和2005年、2007年、2009年、2011年四届中国数字出版博览会（北京）的情况看，业界对数字内容产业和数字出版产业的理解没有太大的差别，主要涉及移动内容、互联网服务、游戏、动漫、影音和数字化教育培训等多个领域❶。

2003年《上海市政府工作报告》中指出："数字内容产业是依托先进的信息基础设施与各类信息产品行销渠道，向用户提供数字化的图像、字符、影像、语音等信息产品与服务的新兴产业类型，它包括软件、信息化教育、动画、媒体出版、数字音像、数字电视节目、电子游戏等产品与服务等，是智力密集型的、高附加值的新兴产业。"

依据上述数字出版及产业的概念，本书给数字出版产业下定义：数字出版产业是编辑、生产、制作、传播和销售数字出版产品，或基于内容管理平台提供信息或内容服务为主的企业组织及其在市场上的相互关系的集合，涉及信息产业、文化产业、新闻出版产业、软件产业、高新技术产业和娱乐产业等多个产业领域。

第三节　数字出版产业发展的几个阶段

数字出版产业的发展可以分为萌芽期、起步期、初步发展期和快速发展期等几个阶段，如图1-1所示。电子出版是数字出版产业发展萌芽期出现的概念，它是个广泛的概念，它不仅指利用多媒体技术、计算机技术进行的出版活动，也指利用互联网等新型工具进行的出版活动。电子出版是指以数字代码方式将图、文、声、像等信息编辑加工后存储在磁、光、电介质上，通过计算机或其他具有类似功能的设备读取使用，并可复制（或下载）发行的大众传播媒体。电子出版既包括图书、期刊、报纸等出版物在生产过程中的计算机编辑排版，也指采用电子技术手段从事出版物生产制作，并且最终产

---

❶ Ekow Nelson.未来的内容产业[Z].2009.

品也是电子（数字）形式出版物的出版活动，还包括以电子（数字）形式出版和传播信息的其他任何活动，如文本、超文本、可视图文（videotext）、电子邮件、电视、广播等的制作、传递、浏览、阅读、下载、联网打印等。

2011年至今 快速发展期
- 传统出版数字化转型升级
- 传统媒体与新兴媒体融合发展
- 大数据、VR、AR、AI等技术应用
- IP开发与运营
- 政策体系、标准体系逐步完善

智能出版
数据出版
知识服务
移动出版

2001—2010年 初步发展期
- 提出了互联网出版、数字出版、移动出版的概念
- 许多企业开始实践、探索
- 政府出台大量扶持政策
- 数字出版产品形态多样
- 学术界研究出现热潮

移动出版
数字出版
互联网出版

1996—2000年 起步期
- 提出了网络出版的概念
- 学术界、企业界有了一定程度的认识
- 没有上升到成规模的应用
- 产品种类有限

网络出版
- 电子杂志
- 电子书
- 网络小说
- 博客出版

出版业数字化改造
- 创作数字化
- 编辑数字化
- 发行数字化
- 管理数字化
- 加工数字化

1985—1995年 萌芽期
- 提出了电子出版的概念
- 学术界、企业界涉及很浅
- 研究和应用很少

电子出版（封装型）
- 软磁盘
- 光盘

图1-1 数字出版产业的发展阶段

在数字出版产业发展起步期出现了网络出版的概念。网络出版是区别于传统纸介质出版，没有物化形态的新的出版方式，即将信息、知识、观念等内容，以数字形式存贮在光、磁等存贮介质上，并在网络上进行传播的行为，即通过互联网传播数字内容的过程。

网络出版的定义有狭义和广义之分。狭义的定义是指具有合法出版资格的出版机构，以国际互联网为载体和流通渠道出版并销售数字出版物的行为。网络出版物就是网络出版的直接产品和最终表现形式，包括印刷版图书的电子版、纯网络出版的电子图书（即没有相应印刷版的出版物）、个性化的按需印刷定制的网络出版物及通过E-mail发给网络图书订户的图书资源电子文件等。由于限定了出版者需要是具有"合法出版资格"的"出版机构",并且要求有"销售数字出版物"的行为,所以这个定义还是受传统出版概念的影响比较深,可以说是传统出版概念在网络时代的一种延伸。而广义的网络出版定义则不同:"利用互联网创建、管理和传递(或访问)数字内容,并为组织或个人创造价值的过程和技术",这一概念在2000年年初由Adobe公司倡导,也同时获得一些IT企业的协力推广,现今接受的人要更多。首先,它将出版者不限定于出版机构,拓宽为组织或个人,其次,它不强调"销售"行为而转以"为组织或个人创造价值"取代,这里的价值可以是经济利益同时也可以是社会利益,不仅是给出版者创造价值也给其他组织或个人创造价值。

在数字出版产业初步发展期又出现了互联网出版的概念。互联网出版是指互联网信息服务提供者将自己创作或他人创作的作品经过选择和编辑加工,登载在互联网上或者通过互联网发送到用户端,供公众浏览、阅读、使用或者下载的在线传播行为。其作品主要包括:①已正式出版的图书、报纸、期刊、音像制品、电子出版物等出版物内容或者在其他媒体上公开发表的作品;②经过编辑加工的文学、艺术和自然科学、社会科学、工程技术等方面的作品。《互联网出版管理暂行规定》里所称互联网出版机构,是指经新闻出版行政部门和电信管理机构批准,从事互联网出版业务的互联网信息服务提供者。

目前数字出版产业的发展已经进入快速发展期,移动出版、媒体融合已经成为这一时期的重要特征。移动出版是将内容资源进行数字化加工,以手机、平板电脑、电子书阅读终端等移动设备为媒介,通过移动互联网进行传播的出版行为。2015年"两会"期间,李克强总理在《政府工作报告》中提出制定"互联网+"行动计划,这对于数字出版产业的发展起了极大的推动作用。为应对移动互联网发展带来的巨大挑战,2015年以来,越来越多的数字出版企业加快了移动出版市场的战略布局，最为直接的表现便是努力发展"两微一端"应用，即微博、微信和客户端。

第四节　产业政策的概念

产业政策（industrial policy）是政府为了实现一定的经济和社会目标而对产业的形成和发展进行干预的各种政策的总和。产业政策的功能主要是弥补市场缺陷，有效配置资源；保护幼小民族产业的成长；熨平经济震荡；发挥后发优势，增强适应能力。

产业政策由于研究的角度不同，在国际上尚没有统一的定义，主要有以下几种：其一将之理解为是各种指向产业的特定政策，即政府有关产业的一切政策的总和。如"产业政策是与产业有关的一切国家法令和政策"。其二将其理解为是弥补市场缺陷的政策。即当市场调节发生障碍时，由政府采取的一系列补救的政策。如日本学者认为"产业政策是政府为改变产业间的资源分配和各种产业中私营企业的某种经营活动而采取的政策"。其三将之理解为产业赶超政策，即工业后发国家为赶超工业先进国家而采取的政策总和。如中国有些学者定义为"产业政策就是当一国产业处于比其他国家产业落后状态，或者可能落后于其他国家时，为加强本国产业所采取的各种政策"。

从以上对产业政策的各种定义可以看出，各种定义的差别主要在于定义的角度不同。但是，无论什么形式的产业政策，有一点是共同的，即政策的作用对象都是产业。本书中的产业政策指"一国中央或地方政府制定的，主动干预产业经济活动的各种政策的集合"。

中国的产业政策极少以法律的形势出现，主要为"规划""目录""纲要""决定""通知""意见""复函""指南"之类的文件，如《新闻出版业"十二五"时期发展规划》《关于加快我国数字出版产业发展的若干意见》等。

第五节　数字出版产业政策的概念

从数字出版及产业政策的概念来看，可以将数字出版产业政策定义为：国家有关部门制定并组织实施的旨在指导、规范、扶持和鼓励数字出版产业发展的一系列政策的总和。

第二章　数字出版产业政策分类

数字出版产业政策可以从不同的维度进行分类，从国家行政级别来分，可以分为国家级、省（区、市）级和地级市级及区县级，从政策的产业适应范围来分，可以分为数字出版产业专项政策和数字出版产业相关政策两类。从政策的内容来分，可以分为财税政策、金融政策、人才政策、市场政策、土地政策、创业创新扶持政策、规划指导政策及与数字出版相关的法律法规等。国家级政策主要以法律法规及规范性性文件为主。本书在参考国家新闻出版广电总局、文化部、财政部等政府部门官网上关于政策法规分类的基础上，采用如图2-1所示的分类方法。

一、数字出版专项政策

数字出版专项政策，是指国家或各级地方政府及其有关部门专门针对数字出版产业发展而制定和颁布的各种政策。国家新闻出版广电总局《关于加快我国数字出版产业发展的若干意见》中列举了13种数字出版产品的形态，即电子图书、数字报纸、数字期刊、网络原创文学、网络教育出版物、网络地图、数字音乐、网络动漫、网络游戏、数据库出版物和手机出版物（彩信、彩铃、手机报纸、手机期刊、手机小说、手机游戏）。国家及各级地方政府专门针对上述细分行业而制定和颁布的有关政策均可视为数字出版专项政策。

```
                              ┌─ 数字出版专项政策
              ┌─ 国家数字出版政策 ┤
              │               └─ 数字出版相关政策
              │
              │                              ┌─ 法律法规
              │                              ├─ 财税政策
              │                              ├─ 金融政策
              │                              ├─ 人才政策
              │               ┌─ 数字出版专项政策 ┼─ 创业创新政策
              │               │              ├─ 市场政策
              │               │              ├─ 土地政策
              │               │              ├─ 规范性文件
数字出版产业政策 ┼─ 省（区、市）级 │              └─ 规划指导性政策
              │   政府数字出版政策┤
              │               │              ┌─ 法律法规
              │               │              ├─ 财税政策
              │               │              ├─ 金融政策
              │               │              ├─ 人才政策
              │               └─ 数字出版相关政策 ┼─ 创业创新政策
              │                              ├─ 市场政策
              │                              ├─ 土地政策
              │                              ├─ 规范性文件
              │                              └─ 规划指导性政策
              │
              │                    ┌─ 数字出版专项政策
              └─ 地级市及区县数字出版政策 ┤
                                   └─ 数字出版相关政策
```

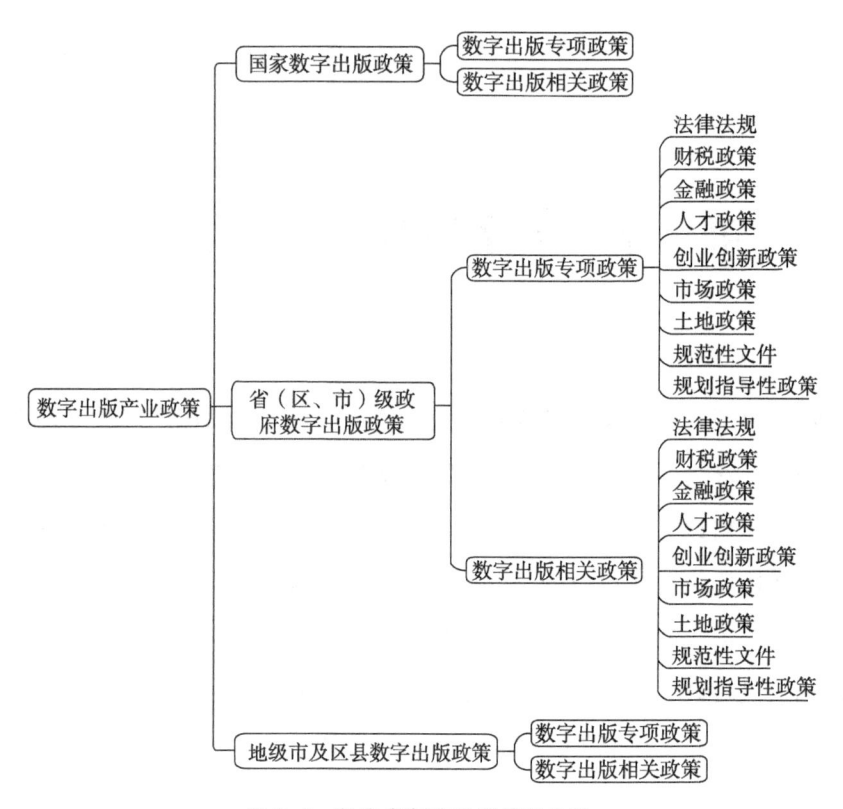

图2-1　数字出版产业政策的分类

二、数字出版相关政策

数字出版产业涉及信息产业、文化产业、新闻出版产业、软件产业、高新技术产业和娱乐产业等多个产业领域。数字出版相关政策，是指国家或各级地方政府及其有关部门在上述数字出版相关产业领域制定和颁布的，其中某些条款适用于数字出版产业的政策。

三、数字出版法律法规

数字出版法律法规是指国家为保护和促进数字出版产业发展而制定和颁布的一些规制性文件，以加强数字出版产业的监管，保障数字出版产业的健

康发展。主要包括针对数字出版产业的有关法、条例、办法、决定、规定等。如《中华人民共和国著作权法》《中华人民共和国网络安全法》《全国人民代表大会常务委员会关于加强网络信息保护的决定》《信息网络传播权保护条例》《网络出版服务管理规定》等。

四、数字出版财税政策

财税政策是指运用预算和税收手段，着重调节经济结构和社会分配。财税政策是以特定的财政理论为依据，运用各种财政工具，为达到一定的财政目标而采取的财政措施的总和。财政政策是世界各国政府追求经济与社会发展目标、实施宏观经济调控的重要政策手段，通过直接的利益调整使政府的意志得以体现、政策得以实施。

本书中所说的财税政策主要是指国家及各级地方政府为促进数字出版产业的发展而出台的一系列财税优惠和扶持政策。如财政部和国家税务总局在2009年7月发布的《关于扶持动漫产业发展有关税收政策问题的通知》。

五、数字出版金融政策

金融服务政策是指国家及各级地方政府为促进数字出版产业的发展而出台的一系列金融扶持政策。许多地方政府为帮扶中小企业发展出台了各项金融扶持政策。如北京市印发的《北京市文化创意产业贷款贴息管理办法》。中国银行业监督管理委员会发布的《关于金融支持首都文化创意产业发展的指导意见》。中国人民银行广州分行、广东省财政厅印发的《关于金融支持广东省文化产业振兴和发展繁荣的实施意见》。

六、数字出版人才政策

人才政策是指国家及各级地方政府为促进数字出版产业的发展而出台的

有关人才引进、激励及人才培养等方面的政策。如北京市出台的《2014年北京市人才引进招聘管理办法》《北京市高级人才奖励管理规定》《北京市新闻系列数字传播（数字编辑）专业技术资格评价办法》。

七、数字出版创业创新政策

国家及各级地方政府为鼓励大众创业、万众创新而出台的有关扶持政策，以降低创业者的创新创业成本，壮大创新创业群体，保障创新创业者的合法权益。

八、数字出版土地政策

土地政策是指国家及各级地方政府为促进数字出版产业的发展，在数字出版基地或园区建设方面为招商引资、吸引优秀企业入驻等而出台的有关土地使用优惠政策。

九、数字出版市场政策

市场政策是指国家及各级地方政府为促进数字出版产业市场的健康发展，在市场竞争、市场准入和退出及价格等方面出台的相关政策。

十、数字出版规范性文件

规范性文件是指国家及各级地方政府为约束和规范人们行为而出台的有关政策性文件。如规定、通告、办法、决定、实施方案等。

十一、数字出版规划指导性政策

规划指导性文件是指国家及各级地方政府为加强对数字出版产业发展的

宏观引导和布局等而出台的有关的产业发展规划和指导性意见等。如国家新闻出版广电总局发布的《新闻出版业数字出版"十三五"时期发展规划》《关于加快我国数字出版产业发展的若干意见》《关于推动新闻出版业数字化转型升级的指导意见》等。

第三章 国家数字出版产业政策发展历程

随着数字出版产业的发展，我国数字出版产业政策体系的发展经历了起步构建、形体框架体系到成熟完善等几个阶段，在不同的发展阶段，数字出版产业政策具有不同的特征。

第一节 起步构建阶段（1994—2005年）

在数字出版产业发展的萌芽期和起步期，电子出版、网络出版、互联网出版等新的出版形态和传播手段引起了人们越来越多的关注。为适应出版业新兴出版形态发展的需要，国家出台了有关的产业政策，以加强对电子出版、网络出版、互联网出版等新兴出版形态的监管。这一时期，数字出版产业政策体系处于起步构建阶段，出台的政策以法律法规类为主。

1990年9月7日第七届全国人民代表大会常务委员会第十五次会议通过《中华人民共和国著作权法》。其中第三条规定计算机软件属于该法所称的作品。

1994年2月18日，为了保护计算机信息系统的安全，促进计算机的应用和发展，国务院发布了《中华人民共和国计算机信息系统安全保护条例》。

1994年12月19日，国家新闻出版总署下发了《关于加强电子出版物管理的通知》，该通知所称电子出版物，系指以数字代码方式将图文声像等信息存储在磁、光、电介质上，通过计算机或类似设备阅读使用，并可复制发行的大众传播媒体。电子出版物的主要媒体形态有：软磁盘（FD）、只读光盘（CD‑ROM）、交互式光盘（CD-I）、集成电路卡（IC Card）等，该通知同时指出国家新闻出版总署是主管电子出版业的归口管理部门，负责制定电子出版业的发展规划、行业标准并指导实施，审批电子出版单位，管理电子出版物的进出口工作。

1996年3月20日，国家新闻出版总署发布了《电子出版物管理暂行规定》，1997年12月30日正式发布了《电子出版物管理规定》。该规定对电子出版物的制作、出版、复制、进口、发行及罚则等方面作了详细描述和具体的操作性规定。

1999年11月22日，为加强出版物市场管理，建立全国统一、开放、竞争、有序的出版物市场，国家新闻出版总署发布了《出版物市场管理暂行规定》，共计5章33条。该规定所称出版物，是指图书、报纸、期刊、音像制品和电子出版物等。

进入21世纪，网络出版、互联网出版等新型出版业态发展迅速。我国数字出版产业步入初步发展期。这一时期，数字出版政策以监管网络出版物和互联网出版物为主。

2000年9月25日，国务院发布了《互联网信息服务管理办法》。该办法共27条，对互联网信息服务活动作了具体和详细的规定。

2000年12月19日，最高人民法院发布了《最高人民法院关于审理涉及计算机网络著作权纠纷案件适用法律若干问题的解释》。该解释明确规定，受著作权法保护的作品，包括著作权法第三条规定的各类作品的数字化形式；著作权法第十条对著作权各项权利的规定均适用于数字化作品的著作权。

2001年10月27日第九届全国人民代表大会常务委员会第二十四次会议通过了《关于修改〈中华人民共和国著作权法〉的决定》。修正后的《中华人民共和国著作权法》第十条中增设了信息网络传播权。

2002年6月27日，国家新闻出版总署、信息产业部发布了《互联网出版管理暂行规定》。该规定提出，互联网出版是指互联网信息服务提供者将自己创作或他人创作的作品经过选择和编辑加工，登载在互联网上或者通过互联网发送到用户端，供公众浏览、阅读、使用或者下载的在线传播行为。其作品主要包括：已正式出版的图书、报纸、期刊、音像制品、电子出版物等出版物内容或者在其他媒体上公开发表的作品；经过编辑加工的文学、艺术和自然科学、社会科学、工程技术等方面的作品。

2004年7月27日，国家新闻出版总署、国家版权局发布了《关于落实国务院归口审批电子和互联网游戏出版物决定的通知》。该通知提出了互联网游戏出版物的定义，规范了互联网游戏出版的出版流程。

2005年4月29日，国家版权局、信息产业部发布了《互联网著作权行政保护办法》。该办法共18条，旨在加强互联网信息服务活动中信息网络传播权的行政保护，规范行政执法行为。

第二节 形成体系框架阶段（2006—2010年）

自2006年以来，国家数字出版产业的发展进入初步发展阶段。网络音乐、网络游戏、网络动漫、网络文学、网络地图、网络数据库、网络音视频、数字阅读、网络教育出版等数字出版形态发展迅速。数字出版已经成为出版业重要发展战略和发展方向，已成为出版业新的经济增长点。这一时期，数字出版产业政策以促进产业发展为主，逐步形成了由产业发展政策、产业结构政策和产业组织政策构成的政策框架体系，以保证数字出版产业不断发展壮大，走上健康、稳定和可持续发展道路。

一、数字出版产业发展政策

数字出版产业发展政策是指国家及政府有关部门围绕数字出版产业发展

目标，而使用多种手段所制定的一系列具体政策的总称。从前面提到的数字出版产业政策分类来看，数字出版产业发展政策包含数字出版专项政策及相关政策中的法律法规、财税政策、金融政策、人才政策、创业创新政策、市场政策和土地政策等。

2006年4月25日，国务院办公厅转发了财政部等部门《关于推动我国动漫产业发展的若干意见》，该意见提出，中央财政设立扶持动漫产业发展专项资金。专项资金主要用于支持优秀动漫原创产品的创作生产、民族民间动漫素材库建设，以及建立动漫公共技术服务体系等动漫产业链发展的关键环节。经国务院有关部门认定的动漫企业自主开发、生产动漫产品，可申请享受国家现行鼓励软件产业发展的有关增值税、所得税优惠政策。动漫企业自主开发、生产动漫产品涉及营业税应税劳务的（除广告业、娱乐业外）暂减按3%的税率征收营业税。经国务院有关部门认定的动漫企业自主开发、生产动漫直接产品，确需进口的商品可享受免征进口关税及进口环节增值税的优惠政策。

2006年9月13日，中共中央办公厅、国务院办公厅印发了《国家"十一五"时期文化发展纲要》。该纲要明确提出，要加快传统出版发行业向现代出版发行业的转换，积极发展电子书、手机报刊、网络出版物等新兴业态；要发展手机网站、手机报刊、IP电视、移动数字电视、网络广播、网络电视等新兴的传播载体。纲要还提出，鼓励具有自主知识产权的网络文化产品的创作和研发，鼓励开发文化数据处理、存储和传输服务、移动文化信息服务、网上文化交易、数字互动体验服务、数字远程教育及数字娱乐产品等增值业务。

2008年4月14日，科技部、财政部、国家税务总局印发了《高新技术企业认定管理办法》。该办法对高新技术认定的条件、认定程序、享受的优惠政策及国家重点支持的高新技术领域作了明确的规定。

2009年3月27日，财政部、海关总署、国家税务总局下发了《关于支持文化企业发展若干税收政策问题的通知》。该通知指出，文化企业出口电子出版物可按规定享受增值税出口退税政策；在文化产业支撑技术等领域内，依据《高新技术企业认定管理办法》和《高新技术企业认定管理工作指引》的规定认定的高新技术企业，减按15%的税率征收企业所得税。该通知所指的文化企业包括经国家行政主管部门许可从事网络图书、网络报纸、网络期刊、网络音像制品、网络电子出版物、网络游戏软件、网络美术作品、网络视听产品开发和运营的企业；以互联网为手段的出版物销售企业；从事移动电视、手机电视、网络电视、视频点播等视听节目业务的企业。

2009年4月27日，商务部、文化部、国家广播电影电视总局、国家新闻出版总署、中国进出口银行下发了《关于金融支持文化出口的指导意见》。该意见对进出口文化企业和项目的支持范围、协调机制及金融服务等作出了具体规定和说明。

2010年3月17日，国家广播电视电影总局发布了《互联网视听节目服务业务分类目录（试行）》。该目录将互联网视听节目服务分为四类，并对其业务进行了具体的界定。2017年3月10日，国家新闻出版广电总局发布了调整后的《互联网视听节目服务业务分类目录（试行）》。在调整后的分类目录中，IPTV、互联网电视等已被明确定义为"专网及定向传播视听节目服务"，而非公共互联网服务。

2010年3月19日，中共中央宣传部、中国人民银行、财政部、文化部、国家广播电影电视总局、国家新闻出版总署、中国银行业监督管理委员会、中国证券监督管理委员会、中国保险监督管理委员会下发《关于金融支持文化产业振兴和发展繁荣的指导意见》。该意见对文化企业在信贷及金融服务方面的支持作了具体规定。

2010年4月23日，财政部印发了《文化产业发展专项资金管理暂行办法》。该办法对文化产业发展专项资金的支持范围、支持方式、申报条件及申报流程等作了详细的规定。2012年4月28日，财政部重新修订了办法。

二、数字出版产业结构政策

数字出版产业结构政策是指国家及政府有关部门依据我国在一定时期内数字出版产业结构的现状，遵循产业结构演进的一般规律，规划数字出版产业结构逐渐演进的目标，并分阶段地确定重点发展的战略产业，实现资源的重点和优化配置，引导数字出版产业向新的广度和深度发展的一系列政策措施的综合。

2009年7月22日，国务院常务会议审议通过《文化产业振兴规划》。该规划中指出要以文化创意、影视制作、出版发行、数字内容和动漫等产业为重点，加大扶持力度，实现跨越式发展。规划中还提到要积极发展纸质有声读物、电子书、手机报和网络出版物等新兴出版发行业态；要加强数字技术、数字内容、网络技术等核心技术的研发，加快关键技术设备改造更新。

2010年1月4日，国家新闻出版总署印发《关于进一步推动新闻出版产业发展的指导意见》，该意见明确提出，对电子纸、阅读器的发展表示支持；要发展数字出版等非纸介质战略性新兴出版产业；要运用高新技术促进产业升级，推进新闻出版产业发展方式转变和结构调整；支持电子纸、阅读器等新闻出版新载体的技术开发、应用和产业化。

2010年8月16日，国家新闻出版总署发布《关于加快我国数字出版产业发展的若干意见》。该意见明确提出了数字出版产业发展的主要任务和总体目标：到"十二五"末，我国数字出版总产值要力争达到新闻出版产业总产值的25%，整体规模居于世界领先水平。在全国形成8～10家各具特色、年产值超百亿元的国家数字出版基地或国家数字出版产业园区，形成20家左右年主营业务收入超过10亿元的具有国际竞争力的数字出版骨干企业。到2020年，传统出版单位基本完成数字化转型，其数字化产品和服务的运营份额在总份额中占有明显优势。该意见还强调，要以数字化带动新闻出版业现代化，形成一批发展思路清晰、内容资源充沛、立足自主创新、出版方式多样、营销模式成熟、市场竞争力强、产品影响广泛的数字出版龙头企业，把数字出版产业打造成新闻出版支柱产业。意见同时从加强组织领导、发挥部门合力、优化资源配置、加大投入力度、搭建交流平台、加强版权保护、强化网络监管、完善法规体系、健全考评体系、加快人才培养十个方面提出了具体的保障措施。

2010年10月9日，国家新闻出版总署发布《关于发展电子书产业的意见》。该意见提出了两项重点任务：一是丰富电子书内容资源，支持和鼓励传统出版单位发挥资源优势，应用高新科技，积极开展出版内容资源的数字化加工制作，形成传统出版单位与电子书生产单位及著作权人之间的良性合作机制，促进传统优质出版资源转化为电子书内容资源。二是要搭建电子书内容资源投送平台，推动传统出版单位、发行单位、数字化技术提供商，依托各自资源优势，联合搭建内容丰富、质量优良、版权清晰、使用便捷、服务周到、利益兼顾的国家级电子书内容资源投送平台。

三、数字出版产业组织政策

数字出版产业组织政策是指国家及政府有关部门为了促进资源在产业内的有效配置，保证公共利益，获得理想的市场绩效，所采取的引导和干预市场结构和市场行为，调节产业内企业间关系，推动数字出版产业发展的一系列政策措施的综合。

2009年3月25日，国家新闻出版总署印发了《关于进一步推进新闻出版体制改革的指导意见》。该意见指出，要推进公益性新闻出版单位体制改革，构建新闻出版公共服务体系；推动经营性新闻出版单位转制，重塑市场主体；推进联合重组，加快培育出版传媒骨干企业和战略投资者；大力推进新闻出版产业升级和结构调整。高度重视用高新技术改造传统产业，制定和完善出版发行标准；推动新闻出版产业升级和结构调整。大力发展数字出版、网络出版、手机出版等新业态，努力占领新闻出版业发展的制高点。

2009年3月26日，财政部、国家税务总局下发《关于文化体制改革中经营性文化事业单位转制为企业的若干税收优惠政策的通知》。该通知规定了经营性文化事业单位转制为企业可享受企业所得税、房产税、增值税、营业税等方面的税收优惠。

在数字出版产业初步发展阶段，我国出台了一系列促进产业发展的规划引导、财税优惠、金融支持、创业创新扶持等政策，形成了数字出版产业政策体系的基本框架，极大地推动了数字出版产业的发展，使数字出版产业进入到快速发展阶段。

第三节　成熟和完善阶段（2011年至今）

自"十二五"时期以来，我国数字出版产业步入快速发展期。为迎合国家"一带一路"、融合发展、"互联网+"行动、大数据、创新驱动及人工智能等发展战略，国家出台了一系列产业政策，以推动数字出版产业向纵深和融合化方向发展，数字出版产业政策体系得到了进一步完善，并逐步走向成熟。自2011年以来，国家出台的数字出版产业政策主要有如以下内容。

2011年3月14日，第十一届全国人民代表大会第四次会议批准《中华人民共和国国民经济和社会发展第十二个五年规划纲要》。该纲要指出，出版业要推动产业结构调整和升级，加快从主要依赖传统纸介质出版物向多种介质形态出版物的数字出版产业转型。要推进文化产业结构调整，大力发展文化创意、影视制作、出版发行、数字内容和动漫等重点文化产业，培育骨干企业，扶持中小企业，鼓励文化企业跨地域、跨行业、跨所有制经营和重组，提高文化产业规模化、集约化、专业化水平。推进文化产业转型升级，推进文化科技创新，研发制定文化产业技术标准，提高技术装备水平，改造提升传统产业，培育发展新兴文化产业；要创新文化"走出去"模式，增强中华文化国际竞争力和影响力，提升国家软实力。

2011年4月20日，国家新闻出版总署发布《新闻出版业"十二五"时期发展规划》。该规划把顺应数字化、信息化、网络化趋势，推进新闻出版业转型和升级确定为新闻出版产业振兴工程。该工程的主要任务是：建立以政策为先导、投入为保障、企业为主体、创新平台为支撑、市场需求为导向、产学研相结合的新闻出版科技创新体系。鼓励和支持新闻出版企业开发拥有自主知识产权的关键技术，发展以内容生产数字化、管理过程数字化、产品形态数字化、传播渠道网络化为主要特征，以网络出版、手机出版为主要代表的数字出版等新兴业态，推动数字内容加工、存储、传输、阅读等技术和装备的研发与制造，发展电子阅读及有声阅读，改造提升传统新闻出版产业，提高新闻出版企业装备水平和新闻出版产品的科技含量，实现新闻出版内容资源深度整合。加强新闻出版公共服务项目的数字化建设，加快国家数字出版重大工程建设和国家数字出版基地建设。该规划还把国家知识资源数据库工程（一期）、国家数字复合出版工程、数字版权保护技术研发工程、电子书包研发工程、国家数字出版服务管理平台建设项目（包括全国党报新媒体信息发布平台项目）列入新闻出版科技创新工程。

2011年4月20日，国家新闻出版总署发布《数字出版"十二五"时期发展规划》。该规划指出，数字出版是出版业与高新技术相结合产生的新兴出版业态，已经成为新闻出版业的战略性新兴产业和出版业发展的主要方向，也是国民经济和社会信息化的重要组成部分。大力发展数字出版产业，已成为我国实现向新闻出版强国迈进的重要战略任务。该规划确定"十二五"时期数字出版产业发展的主要目标：到"十二五"期末，我国数字出版总产出力争达到新闻出版产业总产出的25%，在全国形成8~10家各具特色，年产值超百亿元的国家数字出版基地或国家数字出版产业园区，建成5~8家集书报刊和音像电子出版物于一体的海量数字内容投送平台，形成20家左右年主营业务收入超过10亿元的具有国际竞争力的数字出版骨干企业。规划明确提出"十二五"时期数字出版业发展的战略重点是积极推动传统出版企业向数字出版转型、发展壮大优势产业（大力发展网络游戏、电子书、精品学术期刊数据库等优势产业，加快发展民族动漫产业；大力扶持以手机等移动终端为主要传播渠道和载体的数字出版产品的开发；积极发展民族网络文化产业，鼓励扶持民族原创网络文化产品的创作和研发，拓展民族网络文化发展的空间）、提升数字出版版权保护水平、建立海量数字内容转换和加工中心、建设布局合理和类型多样的数字出版产业基地、构建公共数字出版服务体系、积极实施数字出版"走出去"战略7个方面。该规划确定"十二五"时期数字出版业发展的重点项目包括国家数字出版内容资源建设工程、农家书屋数字化建设工程、电子书包及配套资源数字化工程、《中国大百科全书》数字化工程、少数民族文化数字出版促进工程。

2011年12月27日，财政部、国家税务总局下发了《关于扶持动漫产业发展增值税营业税政策问题的通知》。该通知对动漫企业可享受的增值税、营业税等税收优惠作出了具体规定。

2012年2月15日，中共中央办公厅、国务院办公厅印发《国家"十二五"时期文化改革发展规划纲要》。该纲要明确提出：要加快发展文化创意、数字出版、移动多媒体、动漫游戏等新兴文化产业，提高我国出版、印刷、传媒、影视、演艺、网络、动漫游戏等领域技术装备水平，增强文化产业核心竞争力；要加强新兴媒体建设。该纲要专栏3还提出了实施文化资源数字化、文化生产数字化、文化传播数字化三大文化数字化建设工程。

2012年2月27日，国家新闻出版总署发布《关于加快出版传媒集团改革发展的指导意见》。该意见提出，要继续推动出版传媒集团完善法人治理结构，推进股份制改造，加快转换内部经营机制；继续支持出版传媒集团兼并重组。

2012年6月27日，科技部等部门印发了《国家文化科技创新工程纲要》。该纲要提出，要围绕新闻出版全产业链上的内容资源集成、出版、印刷、发行、版权保护等重点环节开展技术创新与应用示范。加快全媒体资源管理与集成技术、语义分析搜索及自动分类标引技术、多介质多形态内容发布技术、彩色电子纸等新兴数字显示技术的研究，促进传统新闻出版产业的数字化转型升级，形成覆盖网络、手机以及适用于各种终端的数字出版内容生产供给体系。要重点支持电子图书、数字报刊、网络原创文学、网络教育出版、数据库出版、手机出版等数字出版新兴业态，提升创新能力；要研究数字版权保护关键技术，推动数字出版产业健康发展。

2012年6月28日，文化部下发了《关于鼓励和引导民间资本进入文化领域的实施意见》。该意见提出，要鼓励和引导民间资本投资动漫、游戏、创意设计、网络文化、数字文化服务等行业和领域；支持民间资本参与重大文化产业项目实施；鼓励民营文化企业跨区域、跨行业兼并重组；民间资本投资符合国家重点扶持方向的文化行业门类和领域，可通过项目补助、贷款贴息、保费补贴、绩效奖励等方式给予资金扶持。

2013年8月8日，国务院印发《关于促进信息消费扩大内需的若干意见》。该意见提出，要大力发展数字出版、互动新媒体、移动多媒体等新兴文化产业，促进动漫游戏、数字音乐、网络艺术品等数字文化内容的消费；加快建立技术先进、传输便捷、覆盖广泛的文化传播体系，提升文化产品多媒体、多终端制作传播能力；加强数字文化内容产品和服务开发，建立数字内容生产、转换、加工、投送平台，丰富信息消费内容产品供给；加强基于互联网的新兴媒体建设，实施网络文化信息内容建设工程，推动优秀文化产品网络传播，鼓励各类网络文化企业生产提供健康向上的信息内容，逐步将数字出版产业的发展与国计民生紧密结合起来。

2013年12月30日，国家新闻出版广电总局印发了《关于加强数字出版内容投送平台建设和管理的指导意见》，该意见明确提出将着力构建技术先进、覆盖广泛、传播快捷的现代优质数字出版内容传播体系。打造多种主体参与的数字出版内容投送新格局，培育带动数字出版产业快速发展的骨干平台，同时营造健康有序的数字出版内容投送平台建设、运营市场环境。

2014年2月26日，国务院印发了《关于推进文化创意和设计服务与相关产业融合发展的若干意见》。该意见明确提出要加快数字内容产业发展。推动文化产品和服务的生产、传播、消费的数字化、网络化进程，强化文化对信息产业的内容支撑、创意和设计提升，加快培育双向深度融合的新型业态；要大力推动传统文化单位发展互联网新媒体，推动传统媒体和新兴媒体融合发展，提升先进文化互联网传播吸引力；要深入挖掘优秀文化资源，推动动漫游戏等产业优化升级，打造民族品牌。提高数字版权集约水平和推动新闻出版数字化转型和经营模式创新。

2014年3月3日，国务院下发了《关于加快发展对外文化贸易的意见》。该意见提出了到2020年我国对外文化贸易的具体发展目标，在现行政策的基础上，从明确支持重点、加大财税支持力度、强化金融支持措施、完善服务保障措施4个方面全面系统地提出了支持对外文化贸易发展的政策措施。

2014年3月20日，文化部下发了关于贯彻落实《国务院〈关于推进文化创意和设计服务与相关产业融合发展的若干意见〉的实施意见》。该实施意见提出，要促进文化与科技双向深度融合，依托高新技术增强文化产品的表现力、感染力、传播力，强化文化对信息产业的内容支撑和创意提升；要通过国家文化科技提升计划和文化科技创新项目，研发一批具有自主知识产权的核心技术，推广一批高新技术成果，提升文化行业技术与装备水平；要加强多媒体、动漫游戏软件开发，推动动漫游戏与虚拟仿真技术在相关产业中的集成应用。

2014年3月25日，文化部、中国人民银行、财政部下发《关于深入推进文化金融合作的意见》。该意见强调了深入推进文化金融合作的重要意义，并在创新文化金融体制机制、创新文化金融产品与服务、加强组织实施与配套保障这4个方面提出了深入推进文化金融合作的要求。

2014年4月24日，国家新闻出版广电总局、财政部印发《关于推动新闻出版业数字化转型升级的指导意见》。该意见强调，要开展数字化转型升级标准化工作，提升数字化转型升级技术装备水平，加强数字出版人才队伍建设，探索数字化转型升级新模式。

2014年8月18日，中央全面深化改革领导小组第四次会议审议通过了《关于推动传统媒体和新兴媒体融合发展的指导意见》。该意见强调，推动传统媒体和新兴媒体融合发展，要遵循新闻传播规律和新兴媒体发展规律，强化互联网思维，坚持传统媒体和新兴媒体优势互补、一体发展，坚持先进技术为支撑、内容建设为根本，推动传统媒体和新兴媒体在内容、渠道、平台、经营、管理等方面的深度融合，着力打造一批形态多样、手段先进、具有竞争力的新型主流媒体，建成几家拥有强大实力和传播力、公信力、影响力的新型媒体集团，形成立体多样、融合发展的现代传播体系。要一手抓融合，一手抓管理，确保融合发展沿着正确方向推进。

2014年12月18日，国家新闻出版广电总局印发了《关于推动网络文学健康发展的指导意见》。该意见提出，我国网络文学的发展目标是：用3~5年时间，使创作导向更加健康，创作质量明显提升，陆续推出一批思想精深、艺术精湛、制作精良、深受群众喜爱的原创网络文学精品；使运营和服务的模式更加成熟，与图书影视、戏剧表演、动漫游戏、文化创意等相关产业形成多层次、多领域深度融合发展，在网络内容建设和文艺创新中的作用更加突出；培育一批原创能力强、投送规模大、覆盖范围广、管理有章法的网络文学出版和集成投送骨干企业，打造一批具有市场竞争力的品牌，为弘扬社会主义先进文化、丰富人民群众精神文化生活，推动数字出版和文化产业繁荣发展发挥重要作用。

2015年3月13日，中共中央、国务院印发了《关于深化体制机制改革加快实施创新驱动发展战略的若干意见》。该意见指出，加快实施创新驱动发展战略，就是要使市场在资源配置中起决定性作用和更好发挥政府作用，破除一切制约创新的思想障碍和制度樊篱，激发全社会创新活力和创造潜能，提升劳动、信息、知识、技术、管理、资本的效率和效益，强化科技同经济对接、创新成果同产业对接、创新项目同现实生产力对接、研发人员创新劳动同其利益收入对接，增强科技进步对经济发展的贡献度，营造大众创业、万众创新的政策环境和制度环境。

2015年3月31日，为落实中央《关于推动传统媒体和新兴媒体融合发展的指导意见》文件的精神，国家新闻出版广电总局下发《关于推动传统出版和新兴出版融合发展的指导意见》。该意见明确提出，要按照积极推进、科学发展、规范管理、确保导向的要求，立足传统出版，发挥内容优势，运用先进技术，走向网络空间，切实推动传统出版和新兴出版在内容、渠道、平台、经营、管理等方面深度融合，实现出版内容、技术应用、平台终端、人才队伍的共享融通，形成一体化的组织结构、传播体系和管理机制。力争用3~5年的时间，研发和应用一批新技术新产品新业态，确立一批示范单位、示范项目、示范基地（园区），打造一批形态多样、手段先进、市场竞争力强的新型出版机构，建设若干家具有强大实力和传播力公信力影响力的新型出版传媒集团。

2015年6月11日，国务院发布了《国务院关于大力推进大众创业万众创新若干政策措施的意见》。该意见强调，要优化财税政策，强化创业扶持，主要包括加大财政资金支持和统筹力度、完善普惠性税收措施、发挥政府采购支持作用等几个方面。

2015年7月4日，国务院发布了《关于积极推进"互联网+"行动的指导意见》。该意见提出，到2018年，基于互联网的新业态成为新的经济增长动力，互联网支撑大众创业、万众创新的作用进一步增强，互联网成为提供公共服务的重要手段，网络经济与实体经济协同互动的发展格局基本形成；到2025年，网络化、智能化、服务化、协同化的"互联网+"产业生态体系基本完善，"互联网+"新经济形态初步形成，"互联网+"成为经济社会创新发展的重要驱动力量。

2015年8月31日，国务院印发了《促进大数据发展行动纲要》。该纲要强调，坚持创新驱动发展，加快大数据部署，深化大数据应用，已成为稳增长、促改革、调结构、惠民生和推动政府治理能力现代化的内在需要和必然选择；构建文化传播大数据综合服务平台，传播中国文化，为社会提供文化服务。

2016年3月17日，《中华人民共和国国民经济和社会发展第十三个五年规划纲要》发布，该纲要指出，要加快发展网络视听、移动多媒体、数字出版、动漫游戏等新兴产业，推动出版发行、影视制作等传统产业转型升级。推进文化业态创新，大力发展创意文化产业，促进文化与科技、信息、旅游、体育、金融等产业融合发展；要以先进技术为支撑、内容建设为根本，推动传统媒体和新兴媒体在内容、渠道、平台、经营、管理等方面深度融合。

2016年5月19日，中共中央、国务院印发了《国家创新驱动发展战略纲要》，该纲要指出，创新驱动就是创新成为引领发展的第一动力，科技创新与制度创新、管理创新、商业模式创新、业态创新和文化创新相结合，推动发展方式向依靠持续的知识积累、技术进步和劳动力素质提升转变，促进经济向形态更高级、分工更精细、结构更合理的阶段演进。

2016年6月28日，国家互联网信息办公室发布了《移动互联网应用程序信息服务管理规定》。该规定明确提出，移动互联网应用程序提供者应当严格落实信息安全管理责任，建立健全用户信息安全保护机制，依法保障用户在安装或使用过程中的知情权和选择权，尊重和保护知识产权。同时，该规定强调，移动互联网应用程序提供者和互联网应用商店服务提供者不得利用应用程序从事危害国家安全、扰乱社会秩序、侵犯他人合法权益等法律法规禁止的活动，不得利用应用程序制作、复制、发布、传播法律法规禁止的信息内容。

2016年6月29日，国家新闻出版广电总局发布了《新闻出版业数字出版"十三五"时期发展规划》。该规划提出"十三五"时期数字出版发展的主要目标是：到"十三五"末，新闻出版业数字化转型升级全面完成，传统出版与新兴出版融合发展初见成效；打造一批新兴出版与传统出版融合、两个效益俱佳、具有示范效应和强大国际竞争力的复合型出版机构，培育一批具有国际领先水平的新兴数字出版企业；出版一批导向正确、质量上乘、形态多样、效益突出的数字出版精品；培养一批面向未来产业发展需要的数字出版专门人才和高端复合型人才；数字出版业服务于经济社会发展和公共文化服务体系建设的能力显著提升。具体指标：数字出版总营收保持年均17%的增长速度，国民数字阅读率达到70%，数字化产品和服务在公共文化服务内容采购中的比例达到40%，产品海外市场收入超过110亿美元，传统内容资源数字化转换率达到80%。

2016年7月18日，国家新闻出版广电总局下发了《关于进一步加快广播电视媒体与新兴媒体融合发展的意见》。该意见提出，力争两年内，广播电视媒体与新兴媒体融合发展在局部区域取得突破性进展，形成几种基本模式。在"十三五"后期，融合发展取得全局性进展，建成多个形态多样、手段先进、具有竞争力的新型主流媒体，打造出数家拥有较强实力的新型媒体集团，基本形成布局合理、竞争有序、特色鲜明、形态多样并具有可持续发展能力的中国广播电视媒体融合新格局。

2016年11月4日，为加强对互联网直播服务的管理，保护公民、法人和其他组织的合法权益，维护国家安全和公共利益，国家互联网信息办公室发布了《互联网直播服务管理规定》。该规定明确禁止互联网直播服务提供者和使用者利用互联网直播服务从事危害国家安全、破坏社会稳定、扰乱社会秩序、侵犯他人合法权益、传播淫秽色情等活动。

2016年11月7日，中华人民共和国第十二届全国人民代表大会常务委员会第二十四次会议通过并公布了《中华人民共和国网络安全法》（中华人民共和国主席令第53号)。《中华人民共和国网络安全法》是我国第一部全面规范互联网安全管理方面问题的基础性法律,是我国互联网法治建设的重要里程碑,也是数字出版产业健康、稳定和快速发展的重要保障。

2016年11月29日,国务院发布《"十三五"国家战略性新兴产业发展规划》。该规划提出,要推动数字创意在教育领域的应用,提升学习内容创意水平,加强数字文化教育产品开发和公共信息资源深度利用,推动教育服务创意化;要推进数字创意生态体系建设;建立涵盖法律法规、行政手段、技术标准的数字创意知识产权保护体系。

2017年1月9日,文化部印发了《文化部"一带一路"文化发展行动计划(2016—2020年)》。该计划提出,要优先推动"一带一路"沿线国家和地区的中国文化中心建设,完善沿线国家和地区的中心布局;鼓励和支持各类综合性国际论坛、交易会等设立"一带一路"文化交流板块;逐步建立"丝绸之路"文化数据库,打造公共数字文化支撑平台;围绕演艺、电影、电视、广播、音乐、动漫、游戏、游艺、数字文化、创意设计、文化科技装备、艺术品及授权产品等领域,开拓完善国际合作渠道;推广民族文化品牌,鼓励文化企业在"一带一路"沿线国家和地区投资。鼓励国有企业及社会资本参与"一带一路"文化贸易,依托国家对外文化贸易基地,推动骨干和中小文化企业的联动整合、融合创新,带动文化生产与消费良性互动。

2017年2月23日,文化部发布了《文化部"十三五"时期文化发展改革规划》。该规划在数字文化产业发展计划中提出,要推动优秀文化内容数字化转化和创新,加强数字文化创意内容创作与供给。提升数字文化创意技术与装备水平。建设数字文化产业双创平台,构建数字文化产业创新生态体系。推进数字文化与相关产业融合发展。同时该规划在专栏2还提出了,公共数字文化建设项目:统筹实施全国文化信息资源共享工程、数字图书馆推广工程和公共电子阅览室建设计划,完善国家公共文化数字支撑平台,建设国家基本公共数字文化资源库,资源总量达到3500百万兆字节以上。

2017年5月7日，中共中央办公厅、国务院办公厅于印发了《国家"十三五"时期文化发展改革规划纲要》。该纲要提出：发展网络文艺。加强网络文化产品创作生产，推动网络文学、网络剧、微电影等新兴文艺类型繁荣有序发展。推动传统文艺与网络文艺创新性融合，促进优秀作品多渠道传输、多平台展示、多终端推送。培养优秀的网络文艺创作、生产、传播和评论人才。健全网络文艺思潮研究分析机制，加大对网络文艺引导力度。""优化文化产业结构布局。加快发展网络视听、移动多媒体、数字出版、动漫游戏、创意设计、3D和巨幕电影等新兴产业。

2017年5月18日，国家新闻出版广电总局和财政部下发了《关于深化新闻出版业数字化转型升级工作的通知》。该通知提出：要推动新闻出版企业加快完成数字化转型升级。完成技术装备优化升级、内容资源精细化加工，实现出版流程再造，具备多形态数字内容产品的生产能力；完成数据管理工具与系统的配置，实现资源数据、产品数据、市场数据等相关数据的资产化管理，具备以数据为支撑的运营能力；完成知识服务模式建设，以其引领、兼容其他服务模式建设，满足大众、教育、学术研究领域信息消费市场的用户需求，具备多层级立体化的服务能力；要初步建成支撑新闻出版业数字化转型升级的行业服务体系。加快相应的行业服务机构建设；继续推进数字出版标准化工作，不断完善支持数字化内容生产、传播与服务的标准体系；要完成新闻出版业数据体系建设，实现行业数据交换、共享与应用；要完成科学、合理的人才培养机制建设，培养一批数字出版专业人才和复合型高端人才。

2017年7月7日，文化部关于印发《文化部"十三五"时期公共数字文化建设规划》。该规划指出，到2020年，我国将基本建成与现代公共文化服务体系相适应的开放兼容、内容丰富、传输快捷、运行高效的公共数字文化服务体系。该规划明确提出了"十三五"时期公共数字文化建设的六项重点任务：构建互联互通的公共数字文化服务网络；打造公共数字文化资源库群；创新服务方式，提升服务效能；统筹推进重点公共数字文化工程建设；鼓励和支持社会力量参与公共数字文化建设；加强公共数字文化建设管理。该规划以专栏的形式明确了九项重点项目，包括国家公共文化数字支撑平台建设、数字图书馆推广工程服务平台建设、边疆万里数字文化长廊建设、全民艺术普及基础资源库等。

2017年7月27日，国务院印发了《关于强化实施创新驱动发展战略进一步推进大众创业万众创新深入发展的意见》，该意见指出，深入推进供给侧结构性改革，全面实施创新驱动发展战略，加快新旧动能接续转换，着力振兴实体经济，必须坚持"融合、协同、共享"，推进大众创业、万众创新深入发展。

"十二五"时期，数字出版产业被提升到内容产业和创意设计产业的高度被列入到国家的有关发展规划当中，为国家规划所认可、采纳。国家在出版业转型升级、出版传媒集团体制改革、文化科技创新、文化与金融融合、数字出版"走出去"、"一带一路"文化发展、"互联网+"行动、知识产权保护、产业规模化和集约化发展等方面出台了一系列政策予以扶持，数字出版产业政策体系逐步走向成熟和完善。

第四节　国家数字出版产业政策导向

国家数字出版产业政策为数字出版产业的发展提供了重要的导向和支持作用，主要体现在以下几个方面。

一、推进传统出版业体制改革和数字化转型升级

推进传统出版业体制改革和数字化转型升级相关政策文件主要有国务院发布的《文化产业振兴规划》《关于深化体制机制改革加快实施创新驱动发展战略的若干意见》，国家新闻出版广电总局印发的《关于加快出版传媒集

团改革发展的指导意见》，国家新闻出版广电总局和财政部联合下发的《关于推动新闻出版业数字化转型升级的指导意见》《关于深化新闻出版业数字化转型升级工作的通知》等。《文化产业振兴规划》在第三部分重点任务中明确指出，出版业要推动产业结构调整和升级，加快从主要依赖传统纸介质出版物向多种介质形态出版物的数字出版产业转型。《关于加快出版传媒集团改革发展的指导意见》提出，要继续推动出版传媒集团完善法人治理结构，推进股份制改造，加快转换内部经营机制；要继续支持出版传媒集团兼并重组。

二、推动传统媒体与新兴媒体融合发展

推动传统媒体与新兴媒体融合发展相关政策文件主要有中央全面深化改革领导小组第四次会议审议通过的《关于推动传统媒体和新兴媒体融合发展的指导意见》，国务院发布的《关于推进文化创意和设计服务与相关产业融合发展的若干意见》《关于积极推进"互联网+"行动的指导意见》《三网融合推广方案》等，国家新闻出版广电总局和财政部联合下发的《关于推动传统出版和新兴出版融合发展的指导意见》。如《关于推动传统媒体和新兴媒体融合发展的指导意见》指出，推动媒体融合发展，要按照积极推进、科学发展、规范管理、确保导向的要求，推动传统媒体和新兴媒体在内容、渠道、平台、经营、管理等方面深度融合。

三、坚持正确鲜明的政治立场

坚持正确鲜明的政治立场相关政策文件主要有国务院印发的《关于推动国有文化企业把社会效益放在首位、实现社会效益和经济效益相统一的指导意见》，国家新闻出版广电总局印发的《关于推动网络文学健康发展的指导意见》等。如《关于推动国有文化企业把社会效益放在首位、实现社会效益

和经济效益相统一的指导意见》强调，文化企业提供精神产品，传播思想信息，担负文化传承使命，必须始终坚持把社会效益放在首位、实现社会效益和经济效益相统一。正确处理社会效益和经济效益、社会价值和市场价值的关系，当两个效益、两种价值发生矛盾时，经济效益服从社会效益、市场价值服从社会价值，越是深化改革、创新发展，越要把社会效益放在首位。

四、加强国家数字出版基地（园区）建设，形成集聚效应

加强国家数字出版基地（园区）建设，形成集聚效应相关政策文件主要有国家新闻出版广电总局下发的《关于加快我国数字出版产业发展的若干意见》《数字出版"十二五"时期发展规划》《国家新闻出版产业基地（园区）管理办法》等。《关于加快我国数字出版产业发展的若干意见》明确提出，到"十二五"末，在全国形成10家左右各具特色、年产值超百亿元的国家数字出版基地或国家数字出版产业园区，形成20家左右年主营业务收入超过10亿元的具有国际竞争力的数字出版骨干企业；要在有条件的区域建设数字出版产业聚集区，形成一批核心数字出版产业集群和特色产业基地，以吸引国内国际知名的相关企业落户，逐步形成产业集群效应。

五、创新思维引领文化与科技融合发展

创新思维引领文化与科技融合发展相关政策文件主要有国务院发布的《国务院关于大力推进大众创业万众创新若干政策措施的意见》《国家创新驱动发展战略纲要》《促进大数据发展行动纲要》《新一代人工智能发展规划》，科技部等部门印发的《国家文化科技创新工程纲要》，文化部下发的《关于贯彻落实〈国务院关于推进文化创意和设计服务与相关产业融合发展的若干意见〉的实施意见》，国家新闻出版广电总局发布的《新闻出版业"十三五"时期发展规划》等。如《国家文化科技创新工程纲要》明确提

出,要围绕新闻出版全产业链上的内容资源集成、出版、印刷、发行、版权保护等重点环节开展技术创新与应用示范。加快全媒体资源管理与集成技术、语义分析搜索及自动分类标引技术、多介质多形态内容发布技术、彩色电子纸等新兴数字显示技术的研究,促进传统新闻出版产业的数字化转型升级,形成覆盖网络、手机以及适用于各种终端的数字出版内容生产供给体系。要重点支持电子图书、数字报刊、网络原创文学、网络教育出版、数据库出版、手机出版等数字出版新兴业态,提升创新能力;要研究数字版权保护关键技术,推动数字出版产业健康发展。

六、鼓励数字出版公共服务采用PPP模式

鼓励数字出版公共服务采用PPP模式相关政策文件主要有国务院发布的《国务院关于鼓励和引导民间投资健康发展的若干意见》《国务院办公室鼓励和引导民间投资健康发展重点工作分工的通知》,文化部印发的《关于鼓励和引导民间资本进入文化领域的实施意见》《关于深入推进文化金融合作的意见》,财政部、国家发展和改革委员会、中国人民银行联合印发的《关于在公共服务领域推广政府和社会资本合作模式指导意见》等。如《关于鼓励和引导民间资本进入文化领域的实施意见》提出,要鼓励和引导民间资本投资动漫、游戏、创意设计、网络文化、数字文化服务等行业和领域;支持民间资本参与重大文化产业项目实施;鼓励民营文化企业跨区域、跨行业兼并重组;民间资本投资符合国家重点扶持方向的文化行业门类和领域,可通过项目补助、贷款贴息、保费补贴、绩效奖励等方式给予资金扶持。

七、加强数字出版人才培养

加强数字出版人才培养相关政策文件主要有国家新闻出版广电总局印发的《关于加快我国数字出版产业发展的若干意见》《新闻出版业数字出版

"十二五"时期发展规划》《新闻出版业数字出版"十三五"时期发展规划》等。如《新闻出版业数字出版"十三五"时期发展规划》在第五部分重点任务中提出，加强数字出版人才队伍建设。综合运用政府机关、高校、科研机构和社会力量，创新数字出版人才培养模式，加大培养力度；推动传统出版企业改革引进人才、使用人才、培养人才和留住人才的制度，创新考核激励机制，吸引并留住优秀高端人才；推动互联网企业与传统出版企业的人才流动和交流，改变数字出版复合人才短缺的现状；大力推进数字编辑职称资格考试，推动数字编辑职称评定体系建设。第六部分将数字出版千人培养计划列入了重点项目中，并提出，支持各类型高等院校开办层次各异的数字出版专业；鼓励出版单位与研究机构、高等院校联合开展数字出版人才培养；研究制定数字出版人才培养方案和选拔方案，在书报刊和音像电子出版领域分别遴选一批一线骨干从业人员，进行定向培养，丰富数字出版人才体系；建立数字出版高端人才和专业人才数据库，开展年度例行培训。

八、保障网络信息安全

保障网络信息安全相关的政策文件主要有中华人民共和国第十二届全国人民代表大会常务委员会第二十四次会议通过并公布的《中华人民共和国网络安全法》，国家互联网信息办公室发布的《关于加强国家网络安全标准化工作的若干意见》《互联网直播服务管理规定》《移动互联网应用程序信息服务管理规定》《即时通信工具公众信息服务发展管理暂行规定》等。如《移动互联网应用程序信息服务管理规定》强调，"移动互联网应用程序提供者应当严格落实信息安全管理责任，建立健全用户信息安全保护机制，依法保障用户在安装或使用过程中的知情权和选择权，尊重和保护知识产权。""移动互联网应用程序提供者和互联网应用商店服务提供者不得利用应用程序从事危害国家安全、扰乱社会秩序、侵犯他人合法权益等法律法规禁止的活动，不得利用应用程序制作、复制、发布、传播法律法规禁止的信息内容。"

第四章　北上广数字出版产业政策及发展状况

北上广是我国数字出版产业比较发达的地区，在全国处于领先地位。其发展除区位优势外，主要得益于其出台的一系列促进数字出版产业发展的各种政策。

第一节　北京数字出版产业政策及发展状况

一、数字出版相关政策

（一）财税政策

2006年11月7日，北京市人民政府办公厅下发的《北京市促进文化创意产业发展的若干政策》在第四部分"加大资金支持，拓宽融资渠道"中提出：从2006年起，北京市政府每年安排5亿元文化创意产业发展专项资金，扶持发展文化创意产业；设立5亿元文化创意产业集聚区基础设施专项资金，分3年投入，支持集聚区环境整治、基础设施和公共服务平台建设等公共设施工程。

2006年12月11日，北京市财政局下发了《北京市文化创意产业发展专项资金管理办法》。该办法规定了文化创意产业发展专项资金的扶持对象、资助范围和资助方式、项目申报和管理流程等内容。

2009年6月26日,北京市文化创意产业领导小组办公室下发了《北京市关于支持影视动画产业发展的实施办法(试行)》。该办法提出:在市文化创意产业发展专项资金中安排专项,支持影视动画产业发展;对在本市立项、具有自主知识产权的优秀原创动画剧本和样片,择优予以前期资助,资助额为项目实际到位投资额的5%~15%;北京影视动画作品获得国际知名动画节展或国际A类电影节主要奖项的,根据获奖等级一次性奖励100万~200万元;获得国家级政府类重大奖项的,根据获奖等级一次性分别奖励50万~100万元;国家广播电影电视总局推荐为优秀国产动画片的一次性奖励10万元;本市每年评选奖励优秀影视动画作品。其中动画电影2部,每部奖励50万元,电视动画片8部,每部奖励30万元;北京国家动画产业基地年生产影视动画片产量达到1万分钟的奖励200万元;达到2万分钟的奖励300万元。

(二)金融政策

2008年4月15日,北京市文化创意产业领导小组办公室下发了《北京市文化创意产业发展贷款贴息管理办法(试行)》。该办法旨在以贷款贴息的方式对本市地域范围内文化创意企业予以资金支持。该办法规定了贷款贴息条件、贴息方式、期限、标准和额度及贴息项目的申报、审定和执行流程。

2013年10月1日,北京市人民政府办公厅下发了《关于进一步鼓励和引导民间资本投资文化创意产业的若干政策》。该政策对鼓励民间资本进入的文化创意产业领域及保障措施作了详细规定,并在第三条提出,统筹100亿元文化创新发展专项资金,采取奖励、贴息、参与文化创意产业基金设立、采购文化产品与服务等方式,支持民营文化创意企业发展。

(三)人才政策

2005年6月1日,北京市人事局印发了《北京市吸引高级人才奖励管理规定》。该规定提出:设立北京市高级人才奖励专项资金,用于北京市高级人才的奖励。

2005年6月28日，北京市人事局印发了《北京市吸引高级人才奖励管理规定实施办法》。该实施办法就北京市吸引高级人才奖励资金预算与管理、申报及审批流程等作了详细说明。

2006年11月7日，北京市人民政府办公厅下发的《北京市促进文化创意产业发展的若干政策》在第七部分"实施人才兴业，强化智力支撑"中提出：鼓励高等院校、研究机构和企业开展文化创意人才的国际交流。教育部门对文化创意人才海外培训、海外专家和大学生来京研习予以资助。人事部门对文化创意企业引进外国专家、留学人员或建立博士后科研工作站给予立项、经费资助等方面的支持；对于文化创意企业聘用海内外高层次的管理人才、创意人才和营销经纪人才，可参照《北京市吸引高级人才奖励管理规定》予以奖励。

(四)创业创新政策

2006年11月7日，北京市人民政府办公厅下发的《北京市促进文化创意产业发展的若干政策》在第二部分"支持创意研发，鼓励自主创新"中提出：在中关村科技园区内新办文化创意企业，被认定为高新技术企业的，企业所得税自获利年度起2年内免征，2年后减按15%税率征收；加大对企业自主创新投入的所得税前抵扣力度。允许企业按当年实际发生的技术开发费用的150%抵扣当年应纳税所得额，当年抵扣不足部分，可按税法规定在5年内结转抵扣。企业提取的职工教育经费在计税工资总额2.5%以内的，可在企业所得税前扣除；设立文化创意奖，对发展文化创意产业做出突出贡献的集体和个人给予表彰和奖励，对文化创意产品和服务出口业绩突出的企业予以奖励。

2009年6月26日，北京市文化创意产业领导小组办公室下发了《北京市关于支持影视动画产业发展的实施办法（试行）》。该办法提出：影视动画机构创新或应用先进动画制作技术，符合条件的，经评审认定，给予应用类补贴10万~30万元或创新类补贴50万~100万元的一次性奖励。

(五)市场政策

2006年11月7日,北京市人民政府办公厅下发的《北京市促进文化创意产业发展的若干政策》在第一部分"放宽市场准入、完善准入机制"中提出:制定和发布《北京市文化创意产业投资指导目录》,明确鼓励、允许、限制和禁止投资的项目,进一步放宽市场准入条件和领域,鼓励非公有资本及海外资本进入文化创意产业;推进经营性文化事业单位转制为文化创意企业;推进政企分开、政资分开、政事分开、政府与市场中介组织分开,转变政府职能,强化市场主体地位,积极营造有利于文化创意产业发展的公开、公平、公正的市场环境。

(六)土地政策

2006年11月7日,北京市人民政府办公厅下发的《北京市促进文化创意产业发展的若干政策》在第六部分"优化资源配置,推动产业升级"中提出:鼓励盘活存量房地资源,用于文化创意产业经营。工业厂房、仓储用房、可利用的传统四合院区域、传统商业街和历史文化保护街区等存量房地资源转型兴办文化创意产业,凡符合国家规定、属于本市产业升级和城市功能布局优化的,经认定,原产权单位以划拨方式取得的土地使用权保持不变,政府可暂不对划拨土地的经营行为征收土地收益;在规划新城内选址建设的,政府在土地供应方面予以优先支持。

(七)规范性文件

2006年12月22日,北京市文化创意产业领导小组办公室印发了《北京文化创意产业集聚区认定和管理办法(试行)》。该办法指出:经认定的集聚区,适用《北京市促进文化创意产业发展的若干政策》中对集聚区的有关优惠政策。同时,该办法对集聚区的定义、认定原则、认定条件及认定程序作了详细说明。

2007年8月29日,北京市发展和改革委员会印发了《北京市文化创意产业集聚区基础设施专项资金管理办法（试行）》。该办法提出：专项资金的资金规模5亿元，分三年投入，市发展改革委按照市政府固定资产投资审批程序进行项目审核。同时，该办法对资金的使用范围和投入方式作了具体的规定。

2009年10月19日，北京市文化局、北京市财政局、北京市国家税务局、北京市地方税务局联合下发《北京市动漫企业认定管理工作实施方案》，该实施方案强调：获得认定并通过年审的动漫企业可以不同程度享受增值税、企业所得税等方面的优惠。

2010年12月28日，北京市文化局出台了《北京市文化局开展原创漫画作品扶持申报工作实施方案》。本着公开、公平、公正的原则，通过对申报作品的认真审查筛选、资格审查、初评评审、终评评审及结果公示，最终对15部作品给予了共计100万元的资金扶持。

2012年6月25日，北京市文化局印发了《北京市原创动漫作品扶持办法（试行）》。该办法提出：北京市根据作品申报情况，开展原创漫画作品扶持、原创网络动漫作品扶持、原创手机动漫作品扶持，受到扶持的作品给予资金资助。

2013年7月5日，北京市文化局印发了《北京市原创动漫形象作品专项扶持资金管理办法》。该办法提出：北京市设立原创动漫形象作品专项扶持资金，支持动漫产业发展。对符合条件的原创漫画形象作品、原创网络动漫形象作品、原创手机动漫形象作品等原创动漫形象作品给予不超过10万元的奖励。

2016年1月29日。北京市国有文化资产监督管理办公室发布《北京市文化创意产业发展专项资金项目奖励实施细则（试行）》。该实施细则对申请项目奖励支持应满足的条件、资金支持的总体原则及资金支持的标准语额度等作了详细说明。

(八)规划指导性文件

2006年1月20日，北京市第十二届人民代表大会第四次会议审议并通过了《北京市国民经济和社会发展第十一个五年规划纲要》。该规划纲要将文化创意产业作为发展任务和发展重点列入了重点工作当中。在文化创意产业的界定中涵盖了动漫、网络传媒、网络游戏、数字内容产业等新兴产业的概念。提出了大力发展电子商务、网上教育培训、数字娱乐等网络服务，以促进新型信息服务业健康发展。

2007年9月12日，北京市人民政府办公厅下发了《北京市"十一五"时期文化创意产业发展规划》。该规划把动漫游戏的研发制作列入了发展北京文化创意产业的主要任务之中。并提出要重点建设以中关村科技园区为核心，由中关村科技园区海淀园、石景山园、雍和园组成的国家动漫游戏产业（北京）发展基地。支持石景山区规划建设数字娱乐体验、竞技中心区，支持海淀区、东城区规划建设动漫游戏研发销售区，支持大兴区建设国家新媒体产业基地。扶持通州区三辰动漫游戏产业基地发展。推进北京歌华创意产业中心、北京电视台北京动画制作中心等一批重点项目的建设。

2011年1月25日，北京市十三届人民代表大会第四次会议审议并通过了《北京市国民经济和社会发展第十二个五年规划纲要》。该纲要提出：要培育壮大设计创意、动漫游戏、数字出版、新媒体等新兴文化创意产业；要加快研发具有自主知识产权的网络游戏引擎、3D动漫电影等新兴实用技术，鼓励本土动漫游戏企业开发自主原创、具有民族底蕴的优秀产品，做大动漫游戏产业；要争取国家数字出版基地落户北京，推进宽带无线多媒体专网示范工程，加快发展下一代广播电视网，培育新媒体产业；要大力吸引国内外研发机构，科技型企业在京发展，加快发展数字内容服务，进一步完善知识产权服务和科技成果转化服务体系。

2011年8月1日，北京市新闻出版广电局发布《北京市"十二五"时期新闻出版业发展规划》。该规划在发展目标中提到：要加快内容产业与信息技术的融合，使北京成为手机出版、网络出版、数字出版等新兴出版业态的研发、运营、体验中心；数字出版产业产值年增长率在40%以上，形成5家左右年主营业务收入超过1亿元的具有国际竞争力的数字出版骨干企业；同时该规划将建设北京数字出版基地、跨媒体复合出版平台、B2C数字版权交易平台列入了"十二五"期间的重点工程项目。

2011年8月6日，北京市经济和信息化委员会、北京市发展和改革委员会印发了《北京市软件和信息服务业"十二五"发展规划》。该规划提出：要打造移动互联网信息服务运营平台、互联网新一代信息服务运营平台、融合性网络电视信息服务运营平台。建立以信息服务运营平台为核心的新型产业链，打造产业发展的新引擎。

2014年5月26日，北京市人民政府发布《北京市文化创意产业功能区建设发展规划（2014—2020年）》。该规划提出：建设动漫网游及数字内容功能区。要以中关村东城园相关区域（原雍和园部分区域）和石景山园等为核心，重点推动东城园的数字内容产业和动漫网游运营、版权交易及衍生品授权等行业集聚，着力提升石景山园动漫网游研发、原创开发、设计制作等创新创意环节的发展水平；加快推进三间房国家动漫产业基地的动漫设计、影音配套等动漫产业细分行业发展，鼓励以中国传媒大学创业基地等为载体的动漫网游创业，建设动漫社区。

2014年5月26日，北京市人民政府发布《北京市文化创意产业提升规划（2014—2020年）》。该规划提出：要加快传统出版行业的转型升级步伐，推动数字技术、网络技术与传统出版业融合发展，鼓励传统出版企业聚焦各自专业优势领域开展数字出版业务，不断开拓新兴增值业务领域；要加快推动数字化教育出版平台建设，重点发展教育类电子出版物、电子书、手机出版物等以数字化内容、数字化生产和数字化传输为主要特征的出版新业态；要加快数字出版产业链布局，建设国家级数字出版产业基地。提高数字版权集约水平；要加快高新技术成果向文化领域的转化应用，重点培育动漫游戏、移动互联网应用、视听新媒体、3D打印和绿色印刷等新新兴文化业态。

2014年9月1日，河北省新闻出版广电局与北京市新闻出版广电局，天津市文化广播影视局、天津市新闻出版局共同签署和发布《京津冀新闻出版广播影视协同创新战略框架协议》。该协议提出：京津冀三地协调新闻出版和广播影视产业园区（基地）的发展，成立三地园区（基地）协作联盟，协调三地产业政策，支持京津冀产业融合发展；支持新闻出版业、广播影视业余科技、金融、旅游等行业融合发展；共同建设数字出版云平台，整合三地数字出版资源，打造京津冀数字出版"航母"。

2015年5月22日，北京市文资办印发了《北京市推进文化创意和设计服务与相关产业融合发展行动计划（2015—2020年）》。该计划提出：要着力推进文化创意和设计服务与制造业、数字内容产业、旅游业、都市农业、体育产业、人居环境、商业、金融、教育等重点领域的融合发展。

2016年3月28日，北京市人民政府办公厅发布了《北京市国民经济和社会发展第十三个五年规划纲要》。该纲要明确提出：要推动出版企业做强，加快数字出版业发展，建设北京国家数字出版基地；要加快影视节目生产制作数字化应用，促进电影产业数字化转型；要积极培育以数字内容、新媒体等为主体的文化科技融合产业，有效扩大和引导文化消费；支持具有自主知识产权的网络游戏引擎、3D动漫电影等动漫游戏技术的研发创新；要加快移动音乐、网络视频、微电影等数字音视频业态发展。

2016年7月5日，中共北京市委宣传部与北京市发展和改革委员会发布了《北京市"十三五"时期文化创意产业发展规划》。该规划提出："十三五"时期北京将重点打造四个文化创意产业功能区和推进11个重点建设项目，其中新媒体产业功能区、动漫网游及数字内容功能区及北京国家数字出版基地重点项目的建设将对北京数字出版产业的发展起积极的推动作用。

2016年12月28日，北京新闻出版广电局发布了《北京市"十三五"时期新闻出版业发展规划》。该规划在"十三五"时期的战略任务中提到：要采取适当措施引导和支持网络阅读平台的建立和发展，为公众提供包括电脑、手机、iPad等多终端、全覆盖的数字阅读产品，推动掌阅、中文在线等数字出版领先企业建设覆盖数字内容、数字阅读器的一体化数字阅读体系，提高公众的数字阅读率；要建立京津冀协同创新合作机制，联合推出京津冀新闻出版系统功能区指南，将各地的功能区、集聚区、产业园区的定位与发展进一步明晰，勾画京津冀新闻出版一体化发展新格局；充分发挥首都互联网企业集中的优势，制订"互联网+新闻出版"行动计划，加快发展移动阅读、在线教育、网络文学、动漫游戏、知识服务、按需印刷、电子商务等新兴业态；采取有效措施，鼓励建设第三方数字传播云平台，切实帮助中小型新闻出版单位解决数字化转型升级过程中普遍面临的技术不足、人才匮乏的问题。该规划提出的重大工程项目中，互联网出版培育工程、新闻出版精品传播平台建设工程、数字阅读促进工程、北京—石家庄融合媒体产业园、新闻出版业融合发展引导基金、新闻出版大数据中心建设工程、国家音乐数字化修复与应用工程、产业基地（园区）建设工程、新闻出版知识产权（IP）融合运营示范工程、新闻出版融合发展实验室建设工程等工程项目将对北京数字出版产业的发展起巨大的推动作用。

二、数字出版专项政策

（一）财税政策

2009年10月19日，北京市政府发布《北京市关于支持中国动漫游戏城发展的实施办法（试行）》。该办法提出：设立每年1亿元的中国动漫城发展专项资金，支持动漫游戏城公共服务平台建设、技术研发、知识产权保护、人才培养等；对中国动漫集团有限公司及相关骨干企业入驻的，给予连续两年的办公场所租金补贴；对高管人员给予奖励、协调提供优惠价房源或人才公寓，并对人才引进、员工子女教育、就医等方面帮助支持；对员工连续5

年提供每年100万元的教育培训经费。

2014年1月3日，北京市财政局、北京市新闻出版局印发了《北京市音像电子网络出版物奖励扶持专项资金管理办法（试行）》。该办法指出：市财政设立专项资金用于扶持优秀音像电子网络出版物的出版。重大音像电子网络出版选题出版前补贴扶持最高可达30万元，出版后优秀音像电子网络出版物奖励每部作品奖励资金最高可达20万元。

（二）人才政策

2015年11月12日，北京市人力资源和社会保障局、北京市新闻出版广电局印发了《北京市新闻系列（数字编辑）专业技术资格评价试行办法》。该办法明确规定，北京市新闻系列（数字编辑）专业包括数字新闻编辑、数字出版编辑、数字视听编辑三个领域；北京市新闻系列（数字编辑）专业技术资格设置为正高级、副高级、中级、初级（助理级）四个等级，各级别专业技术资格名称分别为高级编辑、主任编辑、编辑、助理编辑。

（三）规范性文件

2009年11月6日，北京市文化创意产业领导小组办公室发布了《北京市关于支持网络游戏产业发展的实施办法（试行）》。该办法规定：对北京地区网络游戏企业自主研发的原创网络游戏产品，择优予以前期资助，资助额为100万~200万元；北京地区网络游戏企业自主研发游戏引擎并利用该引擎制作大型网络游戏5款以上的，一次性给予200万元资助；北京地区网络游戏企业自主研发形成知识产权并投入运营的网络游戏产品和服务，符合资助条件的，一次性给予200万元奖励；北京地区网络游戏企业自主研发的网络游戏产品在申报年度内获得国际知名大奖的一次性给予100万元奖励，获得国家级和北京市奖项的一次性给予50万元奖励。

2013年3月15日，国家新闻出版总署批复北京市《关于申报建设国家数字出版基地的函》，同意建立北京国家数字出版基地。北京国家数字出版基地是经国家新闻出版广电总局批准的全国13家国家级数字出版基地之一，是北京市唯一的国家级数字出版基地，对促进北京数字出版产业的快速发展，助推北京市成为国家文化中心，实现文化和科技创新具有十分重要的意义。

第二节　上海数字出版产业政策发展状况

一、数字出版相关政策

（一）法律法规

1997年5月28日上海市第十届人民代表大会常务委员会第三十六次会议审议通过了《上海市音像制品管理条例》。该条例所指的音像制品主要包括录有内容的录音带、唱片、激光唱盘、录像带、激光视盘（含数码激光视盘）、激光唱视盘等。其中的数码激光视盘是指录有数字内容的激光视盘，如VCD和DVD等。

2000年1月3日，上海市人民政府发布了《上海市著作权管理若干规定》。该规定对作品著作权管理及著作权人和作品使用者、传播者的合法权益的保护等作了详细规定。

2002年10月28日，上海市第十一届人民代表大会常务委员会第四十四次会议通过了《上海市出版物发行管理条例》。该条例所称的出版物发行，是指报纸、期刊、图书、电子出版物和音像制品等出版物的总发行、批发、零售等经营行为。其中的电子出版物主要是指早期的电子书、电子杂志及网络小说等数字出版物。

（二）财税政策

2012年11月12日，上海市财政局、上海市文化创意产业推进领导小组办公室联合发布《上海市促进创意设计产业发展财政专项资金实施办法（试行）》。该办法明确规定：专项资金主要用于创意设计产业发展中的薄弱环节和关键领域，促进创意设计产业的市场化、规模化和国际化发展。专项资金支持方式包括无偿资助、贷款贴息和政府购买服务等。专项资金资助标准为：为采取无偿资助方式支持的，单个项目资金支持比例不超过50%，金额不超过300万元；采取贷款贴息方式支持的，每个项目的贴息额度不超过400万元；采取政府购买服务方式支持的，根据项目内容，通过公开招标确定。

2013年4月15日，上海版权局、财政局印发了《上海市计算机软件著作权登记资助管理办法》。该办法提出：设立上海市计算机软件著作权登记资助资金。按软件著作权登记的实际发生费用予以资助，每件登记作品资助费用最高不超过800元。

2013年12月25日，上海市经济信息化委员会、上海市财政局印发《上海市信息化发展专项资金管理办法》。该办法明确规定：专项资金重点支持基于集成、协同、智能技术，促进产业提升的信息化系统与服务项目；面向中小企业的信息化公共服务平台建设与推广；产业园区信息化管理、服务体系建设；信息技术促进企业创新、转型发展，促进平台经济、服务经济、绿色经济发展的项目；物联网、云计算、大数据、移动互联等新兴信息技术的示范应用。支持方式包括无偿资助、政府购买服务等方式。专项资金的资助标准：一般项目，每个项目的资助金额一般不超过200万元；重点项目，每个项目的资助金额一般不超过500万元；公共性、基础性、公益性的项目，可由专项资金给予全额资助；对政府购买服务的项目，资助额度一般按照合同金额确定。

2014年3月6日，上海市人民政府发布《上海市服务发展引导资金使用管理办法》。该办法明确规定：数字出版、电子商务、科技服务、设计产业等社会服务业中发挥引领作用的重点项目是引导资金的支持对象；引导资金采用无偿资助方式支持的，单个重点支持项目资金支持比例最高不超过项目总投资额或总费用的20%，金额最高可达300万元；单个一般支持项目资金支持比例最高不超过项目总投资额或总费用的15%，金额最高可达200万元。引导资金采用贷款贴息方式支持的，单个重点支持项目贴息额度最高可达400万元；单个一般支持项目贴息额度最高可达300万元。

类似的政策文件还有《上海市促进文化创意产业发展财政扶持资金实施办法》《上海市信息化发展专项资金管理办法》《上海市服务发展引导资金使用管理办法》《上海市新闻出版专项资金管理办法》《上海市产业转型升级发展专项资金管理办法》《上海市科技创新计划专项资金管理办法》《上海市自主创新和高新技术产业发展重大项目专项资金管理办法》等。

(三)金融政策

2010年7月19日，上海市人民政府发布了《上海市金融支持文化产业发展繁荣的实施意见》。该意见提出，要推动符合条件的文化企业上市融资，鼓励依托资本市场进行并购和重组；支持符合条件的文化企业通过发行企业债、公司债、短期融资券、中期票据、集合债、集合票据等方式融资；运用补贴等方式鼓励中介机构适当降低收费；支持文化产业利用股权投资基金等多种渠道进行直接融资；支持金融机构投资文化企业债权和股权，参与面向文化产业的股权投资基金；发挥政府资金的引导作用，促进文化产业投资基金发展；推动风险投资基金、股权投资基金与文化企业的对接；进一步开放文化产业，支持外资、民资等各类资本投的对接；进一步开放文化产业，支持外资、民资等各类资本投资文化产业。

2014年11月24日，上海市金融办印发了《上海市关于深入推进文化与金融合作的实施意见》。该意见明确提出：设立文化创投风险引导基金，每年从市文化发展专项资金中安排1亿元，连续安排3年，撬动更多社会资本参与文化小微企业的早期风险投资；鼓励设立文化产业投资基金。通过股权投资等方式，推动宣传文化领域的国资改革和结构调整，推动社会资源整合，提升文化企业竞争力，引导私募股权投资基金、创业投资基金等各类投资机构投资文化产业。

(四) 人才政策

2015年7月6日，上海市委、市政府印发了《关于深化人才工作体制机制改革促进人才创新创业的实施意见》。该意见从创新更具竞争力的人才集聚制度、建立更加灵活的人才管理机制、优化人才创新创业的综合环境等几个方面，提出了20条具体措施。

2015年10月30日，上海市人力资源和社会保障局印发了《关于服务具有全球影响力的科技创新中心建设实施更加开放的国内人才引进政策的实施办法》。该办法共12条，制定了细致、具体的国内人才引进政策环措施，为大力集聚创新创业人才提供了更加开放、更具竞争力的政策环境。

2016年9月25日，上海市委、市政府印发了《关于进一步深化人才发展体制机制改革加快推进具有全球影响力的科技创新中心建设的实施意见》。该意见共30条。意见针对海外人才和国内人才引进、推进人才制度和职称制度改革及人才配套服务等方面作出了具体的规定和详细说明。

(五) 土地政策

2015年1月9日，上海市人民政府发布了《关于贯彻〈国务院关于推进文化创意和设计服务与相关产业融合发展的若干意见〉的实施意见》。该意见提出：支持以划拨方式取得土地的单位利用存量房产、原有土地兴办文化创意和设计服务，在符合城乡规划的前提下，土地用途和使用权人可暂不变更，连续经营一年以上，符合划拨用地目录的，可按划拨土地办理用地手续；不符合划拨用地目录的，可采取协议出让方式办理用地手续。

(六) 市场政策

2010年12月30日，上海市国有资产管理委员会、上海市工商行政管理局、上海市产权交易管理办公室在印发的《关于本市文化类企业国有产权交易有关事项通知》中公布了《上海市文化产业投资指导目录》(限制类、禁止类),该目录明确规定了非公有资本和外资不能进入的文化产业领域。

(七)创业创新政策

2009年5月6日,中共上海市委办公厅《关于进一步推进科技创新加快高新技术产业化的若干意见》。该意见就进一步推进上海市科技创新、加快高新技术产业化提出了22条具体措施。如第八条鼓励科技人员创业提出:支持高校和科研院所的科技人员停薪留职创办科技企业,允许其3年内保留与原单位的人事关系;进一步鼓励大学生科技创业。

2012年9月21日,上海市改革发展委员会、上海市财政局印发了《上海市自主创新和高新技术产业发展重大项目专项资金管理办法》。该办法明确规定:以规模化应用为目标的科技自主创新成果转化项目、为重点行业的自主创新和高新技术产业化提供技术服务支撑的公共平台项目等可获得该专项资金的支持。

2015年5月25日,中共上海市委、上海市人民政府印发了《关于加快建设具有全球影响力的科技创新中心的意见》。该意见在第十二条加大创新创业人才激励力度中提出:要构建职务发明法定收益分配制度,允许国有企业与发明人事先约定科技成果分配方式和数额;允许高校和科研院所科技成果转化收益归属研发团队所得比例不低于70%,转化收益用于人员激励的部分不计入绩效工资总额基数。

(八)规范性文件

2014年7月22日,上海市财政局、中共上海市委宣传部印发了《上海市宣传文化专项资金管理暂行办法》。专项资金扶持对象包括图书出版、数字出版、动漫游戏、网络视听、音像制品、演出等业务及相关管理的宣传文化单位。专项资金采用无偿资助和贷款贴息相结合的方式安排使用,专项资金使用范围包括动漫游戏产业发展扶持;电影产业发展扶持;网络视听产业发展扶持；数字出版产业发展扶持；图书发行渠道建设扶持；精品图书出版及版权保护扶持；文化与其他行业融合发展项目支持；其他重点文化产业项目扶持等。

2014年10月15日，上海市文化创意产业推进领导小组办公室、上海市财政局联合发布《上海市促进文化创意产业发展财政扶持资金实施办法》。该办法明确规定，文创资金主要支持文化创意产业公共服务平台（包括文化创意产业园区）建设和推广应用，支持具有发展前景、导向意义、自主创新、拥有自主知识产权、优秀人才和人才团队的文化创意产业项目，支持方式包括无偿资助、贷款贴息等方式。

2014年10月31日，上海市新闻出版局印发了《上海市新闻出版专项资金管理办法》。该办法明确规定，专项资金重点扶持传统图书、报纸、期刊、音像电子出版物、数字出版、版权保护和版权产业、新闻出版（版权）公共服务体系建设及新闻出版国际传播力建设等。

2015年4月28日，上海市财政局、上海市文化创意产业推进领导小组办公室联合发布了《上海市促进创意设计产业发展财政专项资金实施办法》。该文件明确提出上海市财政设立专项资金用于支持本市创意设计产业发展。文件对支持对象和支持范围、支持方式和支持标准及项目申报和管理流程作了详细说明。

类似的规范性文件还有《上海市文化企业界定参考标准（试行）》《上海市新闻出版专项资金监管和绩效评价管理办法》《上海市高新技术企业认定管理实施办法》《2013年上海市新闻出版专项资金申报指南》《关于加快建设具有全球影响力的科技创新中心的意见》《2014年度上海市促进文化创意产业发展财政扶持资金申报指南》《上海市2014年度"科技创新行动计划"高新技术领域项目指南》《上海市推进"互联网+"行动实施意见》等。

(九)规划指导性文件

2005年1月21日，上海市人民政府正式发布了《上海加速发展现代服务业实施纲要》，该纲要第十六条规定：从事数字内容产业研发和电子商务等企业，经认定符合条件的，可以享受《关于本市鼓励软件产业和集成电路产业发展的若干政策规定》中的相关扶持政策。

2006年2月17日，上海市人民政府发布《上海创意产业"十一五"发展规划》。文化传媒创意被该规划将列入了"十一五"时期上海创意产业发展的5个重点领域之一。该规划明确提出：要重点聚焦新闻出版、影视制作、文艺创作与表演、文化科技、动漫游戏等文化创意产业基地的建设；要充分发挥上海新闻出版业已经拥有的良好社会效益和品牌影响力，进一步整合资源、优化结构，重点培育一批有品牌、知名度和市场影响力的报纸、刊物积极拓展音像出版、电子出版、网络出版等新型出版业态，加快从主要依赖传统纸介质出版物向多种介质形态出版物共存的现代出版产业转变。

2006年2月28日，上海市人民政府办公厅发布了《上海市国民经济和社会发展第十一个五年规划纲要》。该纲要中提出：要以网络动漫、影视传媒等为突破口，建设一批各有特色的数字文化内容产业基地和园区，加快文化功能区域和核心产业基地建设；要做大做强信息产业。大力推进新一代移动通信、数字音视频、互联网内容服务等产业发展，尽快形成产业集聚优势。

2006年5月17日，上海市政府发布《上海市信息服务业发展三年行动计划》（2006—2008年）。该计划提出：要发挥张江高科技园区网络游戏企业密集、人力资源丰富、研发力量强、网络基础条件较好等优势，建立张江国家级网络游戏动漫产业基地；推动普陀区依托华师大的国家级动漫基地，以发展游戏、动画为主的多媒体产业，组建动漫游戏孵化中心；依托徐汇区数字内容产业基地建立数字内容产业研发中心，发展信息内容软件产业，开发数字内容视频引擎项目，特别是核心技术平台的研发。争取建成亚洲先进的数字娱乐内容开发和技术研发中心。

2009年，中共上海市委、上海市人民政府出台的《关于加快上海市文化产业发展的若干意见》中提到：要依托国家数字出版基地建设，大力发展数字出版新业态，加强相关支撑技术研发，逐步实现传统出版向数字出版的业态转型；要支持拓展新媒体业务，引导电子书、手机报、移动广告、移动电视、手机电视等新媒体业务健康有序发展。

2011年1月21日，上海市人民政府发布了《上海市国民经济和社会发展第十二个五年规划纲要》。该纲要提出：要重点发展数字出版、新媒体、网络文化、动漫游戏等新兴业态，不断提高文化创意产业的影响力和带动力；要实施重大项目和基地建设战略；要加快建设国家动漫游戏产业示范区、国家数字出版基地、佘山文化影视产业基地、国家音乐产业基地、国家网络视听产业基地以及各类创意产业集聚区。

2011年2月10日，上海市人民政府发布的《上海市文化创意产业发展"十二五"规划》中提到："十二五"期间，要重点推动传统内容生产供应企业主动实施战略转型，依托多媒体的发展不断扩大数字内容产品开发力度和生产能力；要提高本市骨干新闻出版机构对优秀数字版权资源的获取和使用能力，建设数字出版发行平台，积极探索数字出版产业商业模式；重点支持纸质有声读物、电子书、手机报、数字报、电子阅报栏和网络出版物等新兴出版发行业态发展；大力推动数字技术、网络技术在广播电视领域的应用，发展移动多媒体广播电视、高清电视、网络广播电视等新媒体，拓展跨区域数字内容产业空间；大力发展手机电视、电子书、电子阅读器等手持移动新兴媒体；支持和引导有影响力的文学网站健康发展；重点推进网络游戏、网络视听及面向重点行业的信息服务业，拓展发展空间、创新发展方式；建设国家数字出版基地。依托新闻出版总署与上海市的合作，以电子书工程实施带动国家数字出版基地建设。

2011年3月25日，上海市新闻出版局发布了《上海市新闻出版业第十二个五年规划纲要》。该纲要明确提出：要顺应"三网融合"和上海"智慧城市"建设带来的发展机遇，促进各种资源和媒体形式的融合，推动传统新闻出版企业数字化转型，推动研发面向终端的多媒体数字出版技术，把上海建设成为规模领先、产值领先、集聚度领先的数字出版高地。到"十二五"

末,形成3~5家年产值超过20亿元的领军企业,培育1~2个具有国际知名度、行业影响力的数字出版品牌活动,确保数字出版产业产值达到600亿元,并力争通过引进龙头企业入驻、推动大项目建设等,产值达到700亿元。大力推动新闻出版产业集聚区建设:建设张江国家数字出版基地。张江国家数字出版基地要利用上海浦东综合配套改革的政策优势,充分发挥国家第一个数字出版基地的先发优势,成为在精品内容产出、产值规模、龙头企业、公共服务等领域均处于全国领先水平的国家数字出版基地。继续在网络游戏、网络原创文学等新兴产业领域做大做强,整合完善电子书产业链,使电子书产业高地建设初具规模。到"十二五"末,基地物业面积达到20万平方米,入驻企业数量超过800家,吸引3~5家国际知名的数字出版企业落户,年产值达到300亿元。建设国家数字出版基地虹口园区。推动中国出版集团旗下重点企业的入驻和项目落地。推动基础教育电子书包试点工程,积极把"电子书包"项目推进到教育实践和全产业链合作阶段。推动园区以上海市数字内容公共服务平台、上海数字电视公共服务平台和3G宽带无线全网应用平台作为支撑,促进数字出版与传统出版的融合,推动数字出版产品与互联网、手机终端和数字电视的结合,完善数字出版产业的版权交易、传输、发布等环节。到"十二五"末,入驻企业数量超过400家,基地年产值实现30亿元。大力推动数字出版内容产业发展,积极探索电子书包试点,建设数字内容投送平台,重点发展电子书、网络文学、互动娱乐(包括网络动漫)、网络视听、手机出版(包括手机报纸、杂志、彩铃、游戏、动漫等)等数字出版关键领域。

2012年1月26日,上海市发展和改革委员会发布了《上海市战略性新兴产业发展"十二五"规划》。该规划明确提出:要大力推进国家数字出版基地和国家级网络视听产业基地建设,要重点打造涵盖网络文学、网络游戏、数字动漫、数字印刷、数字发行、阅读终端等的数字内容服务链和移动终端互动娱乐、移动视频、移动社交网络、移动支付等移动互联应用服务链及互联网运营、传输、管理、交易服务链。

2012年7月19日，上海市发展和改革委员会发布了《上海市服务业发展"十二五"规划》。该规划将数字出版业列入了新兴服务业，并明确提出：要推进本市出版企业资源重组和跨地区发展探索数字出版产业服务新模式；到2015年，确保全市数字出版产业总产值达到550亿元，力争达到700亿元；全市所有传统出版企业进入数字出版领域，打造中国数字出版高地。

2012年8月20日，上海市经济和信息化委员会印发了《上海推进移动互联网产业发展2012—2015年行动计划》。该计划明确提出：在服务文化发展方面，要建设海量视频、数字阅读、动漫资源、数字音乐等数字内容加工平台；要促进各类平台开放融合，在终端接入方式、接入内容、接入对象等方面实现开放与共享。

2015年1月9日，上海市人民政府发布了《上海市人民政府关于贯彻〈国务院关于推进文化创意和设计服务与相关产业融合发展的若干意见〉的实施意见》。该意见明确提出：要深入推进文化和科技融合发展行动计划，加快推动数字内容产业发展，推动文化产品和服务在生产、传播、展现、消费等环节的数字化、网络化进程；加快出版、广电、电影、文化舞台等产业领域的数字化发展，开展数字内容共性关键技术的设计研发，支持新型技术的应用和推广，鼓励和引导社会力量投入数字内容产业领域，激发原创内容创作活力，打造一批双向深度融合的文化科技工程。

2016年2月1日，上海市人民政府印发了《上海市推进"互联网+"行动实施意见》。该意见在互联网+文化娱乐专项行动中提出，要提升基于互联网的娱乐应用规模，重塑娱乐产业链，鼓励用户娱乐消费习惯的改变。丰富内容创作，促进发展UGC、PGC等内容创作模式，支持研发原创内容、移动内容、热点内容、高清内容等创新内容产品。创新平台服务，面向数字互动娱乐、网络视听、网络文学、网络出版、数字音乐等领域，推动建设海量内容加工处理平台、内容发布流通平台、实现高清播放的内容播控平台。创新营销模式，探索互联网新媒体营销，鼓励互联网文化娱乐和文学、影视、教育等其他产业进行深度跨界合作，探索基于移动互联网的业态模式创新。

2016年5月4日，上海市人民政府发布了《上海市文化创意产业发展三年行动计划（2016—2018年）》。该计划提出：要提高主流媒体传播力、公信力、影响力和舆论的引导能力，完成解放日报、文汇报、新民晚报、上海广播电视台等传统主流媒体整体转型，优化采编流程，创新表达方式，拓展传播渠道，形成澎湃、上海观察、界面、看看新闻网和阿基米德等新媒体品牌产品；要打造上海出版品牌，建立精品迭出、立体多样的出版传播体系，构建全媒体出版创新体系，巩固数字出版全国领先地位，提高上海出版在国内外的影响力；要发挥上海网络视听新媒体产业的既有优势，提升网络视听新媒体企业的创意创新、节目生产、制作和交易能力，推动喜马拉雅、蜻蜓等新兴网络媒体快速发展；要以中国（上海）网络视听产业基地建设为抓手，争取2~3家全国性企业集团将核心业务落户上海，将上海打造成为中国网络视听内容产业的生产中心；要建立客户端游戏、移动游戏、单机游戏等多层次市场模式；重点鼓励研发体现中国传统文化特色、具有自主知识产权的网络游戏，支持原创民族网络游戏产品出口；要建设大规模智慧学习平台，提供互联网教育服务，实现优质教育资源的共享，推动互联网教育内容提供商大力开展教育内容产品开发，支持内容创新。

2016年11月5日，中共上海市委办公厅、上海市人民政府办公厅印发了《上海市"十三五"时期文化改革发展规划》。该规划提出：要建立优秀网络文艺作品扶持机制，加大对原创优秀网络文艺作品的扶持和推介力度；要促进传统文艺与网络文艺创新性融合发展；要大力扶持文学、影视、网络文艺等领域的重大主题项目，打造一批具有全国影响力和国际美誉度的优秀文化产品；要加强文化信息资源共建共享，大力建设"文化上海云"，推进数字图书馆、博物馆、文化馆建设，提高基层公共文化设施数字化服务水平；要实施沪版图书数字化工程，建立全民阅读公共服务信息平台，倡导全民阅读,建设"书香上海";依托云计算、大数据、人工智能、虚拟现实和增强现实等最新科技成果,强化文化科技支撑,培育和发展动漫游戏、网络视听、移动多媒体、数字出版等文化科技融合新兴业态;提高上海张江国家级文化和科技融合示范基地、国家版权贸易基地、国家数字出版基地、中国(上海)网络视听产业基地等国家级基地的产业能级和引领作用。

2017年1月9日,上海市经济和信息化委员会印发了《上海创意与设计产业发展"十三五"规划》。该规划提到:要推进虚拟现实技术与电影、电视、游戏、设计等产业领域的有机融合,培育在国内具有影响力的虚拟现实特色产业园区,加快打造产业生态圈;要加快建设以数字化、网络化、智能化为主要特征的智慧城市;要聚焦张江文化创意产业基地、虹桥会展创意设计园、金桥网络视频文化创意产业基地、动漫衍生产业园等,建设多媒体艺术设计类创意与设计特色产业基地。

二、数字出版专项政策

(一)财税政策

2011年3月25日,上海市人民政府办公厅印发了《关于促进本市数字出版产业发展若干意见》。该意见明确规定:鼓励数字出版企业申报国家规划布局内重点软件生产企业。被认定为国家规划布局内重点软件生产企业如当年未享受免税优惠的,减按10%的税率征收企业所得税;数字出版企业为开发新技术、新产品、新工艺发生的研究开发费用,未形成无形资产计入当期损益的,在按照规定据实扣除的基础上,按照研究开发费用的50%加计扣除,形成无形资产的,按照无形资产成本的150%摊销;对数字出版企业从事技术转让、技术开发业务和与之相关的技术咨询、技术服务业务所取得的收入,免征营业税。符合条件的数字技术转让,在一个纳税年度内,技术转让所得不超过500万元的部分,免征企业所得税,超过500万元的部分,减半征收企业所得税;对属于增值税一般纳税人的数字出版企业销售其自行开发生产的软件产品，按照17%的法定税率征收增值税，对其实际税负超过3%的部分，按照规定实施即征即退。所退税款由企业用于研究开发软件产品和扩大再生产，不作为企业所得税应税收入，不予征收企业所得税。

2012年7月26日，上海市文化广播影视管理局发布了《上海动漫游戏产业发展扶持奖励办法（2012年版）》。该办法提出：重点扶持漫画、动画、动漫演出、网络动漫、手机动漫、动漫软件、动漫相关衍生品及通过互联网、移动通信网等信息网络提供的游戏产品和服务等。对在本市备案（立项）的动画电影上映一年内国内票房收入在500万元以上的，择优给予该企业奖励，奖励最高可达50万元；网络、手机动漫（包括播出收入、产品授权收入）产品销售年收入15万元以上的，择优给予制作该产品的动漫企业奖励，奖励金额最高可达10万元。

(二)规范性文件

2008年7月16日新闻出版总署与上海市人民政府签订了《国家新闻出版总署—上海市人民政府部市合作框架协议》，确定了数字出版部市合作六大重点领域，实现新闻出版总署与上海市数字出版和版权的全面战略合作。根据新闻出版总署和上海市签订的协议，双方将在六个重点领域深化合作：一是共同推进国家重大数字出版工程的建设；二是全面推进张江国家数字出版基地建设；三是合作开展数字出版人才的培养；四是共同打造数字出版国际合作交流平台；五是力争共同建设中国出版博物馆；六是合力打造上海版权公共服务平台。

2009年2月27日，上海数字出版部市合作领导小组办公室发布了《上海数字出版业发展引导目录（2009版）》。该目录包括产业发展研究、公共服务平台建设、内容资源数据库建设、软件产品开发、数字出版相关技术研发等五大方面21个类别。目录既重视数字出版发展的一些基础性工程、项目以及公益性、共享性平台建设，也突出了市场化、产业化程度高的一些新兴领域。特别是结合国内外数字出版发展的趋势和上海的城市特点及优势，进行了一些重点规划。

2009年7月28日，上海市工商行政管理局、上海市新闻出版局印发了《关于本市从事数字出版业务工商登记有关问题的意见》。该意见详细说明了在上海从事数字出版业务的经营主体进行工商登记的有关事项。

2010年5月8日，上海市科学技术委员会、上海市经济和信息化委员会、上海市新闻出版局印发了《2010年度上海数字出版项目扶持资金申请指南》。该指南指出：扶持资金主要支持数字出版战略发展、面向数字出版的共性技术、数字出版的产品服务和系统建设、面向数字出版的环境建设等方向。

2011年3月25日，上海市人民政府办公厅印发了《关于促进本市数字出版产业发展若干意见》。该意见共28条，对数字出版企业作了明确的界定，明确规定了数字出版企业能够享受到财政、税收、人才、版权、投融资等政策资源。

2011年7月20日，上海数字出版部市合作领导小组办公室发布了《上海数字出版业发展引导目录（2011版）》。该目录将新闻出版业数字化转型、新型阅读形态、数字作品版权保护、面向民生的出版行业创新服务模式探索4个方面作为规划引导和政府支持重点。

2012年7月26日，上海市文化广播影视管理局发布了《上海动漫游戏产业发展扶持奖励资金申请指南2012版》。动漫出版物、电视动画片、动画电影、网络及手机动漫产品等被列入到该指南的扶持项目中。

2014年4月25日，上海市文化广播影视管理局发布了《上海市动漫游戏产业发展扶持资金管理办法（2014年版）》。该办法扶持的重点是优秀原创漫画、原创电视动画、原创动画电影与原创网络游戏产品、优秀原创网络、手机动漫及优秀动漫游戏出口产品。对符合扶持条件的作品可给予10万元到80万元不等的奖励。

2017年2月，上海市动漫行业协会发布了《上海市动漫游戏产业发展扶持资金申报指南（2017年版）》。电视动画片、网络游戏产品、新媒体动漫作品、应用类动漫游戏等数字出版产品被列入到该指南的申报项目中。

(三)规划指导性文件

2012年4月25日,上海市人民政府印发了《上海市数字出版"十二五"规划》。该规划提出:到"十二五"末,确保全市数字出版产业总产值达到550亿元,力争达到700亿元,海外销售15亿元。形成3~5家产值超过20亿元的市场领先、服务领先、拥有自主研发核心科技的领军企业。90%以上的优质传统出版纸质资源实现数字化,全市所有传统出版企业进入数字出版领域,开展相关业务。鼓励倡导传统出版流程再造,实现全市50%以上的传统出版企业拥有开展全流程数字化出版的能力。网络游戏产值达250亿元,民族原创、绿色网游占比70%以上。数字阅读及相关领域产值达65亿元。力争形成2~3个国内一流的数字内容投送平台,1~2个海量数字内容转换和加工中心。基本形成布局合理、合作共荣的数字出版产业集聚体系。以推进张江国家数字出版基地和国家数字出版基地虹口园区建设为重点,通过企业孵化、人才聚集、龙头企业引进、产业要素配套和空间布局提升,到"十二五"末,实现上海国家数字出版基地合计产值330亿元,力争突破400亿元,利用资源优势和政策优势,努力形成对整个行业转型发展的示范效应和带动能力。以张江和虹口基地为龙头,以长宁、徐汇、杨浦等数字化产业园区为重点,辐射临港等新兴重点产业园区及金山国家绿色创意印刷示范园区、外高桥产业园区,建设上海数字出版产业发展的空间聚集体系。

第三节 广东省数字出版产业政策发展状况

一、数字出版相关政策

(一)法律法规

2011年9月29日,广东省人民代表大会常务委员会通过并发布了《广东省公共文化服务促进条例》。该条例提出：各级人民政府及其文化等有关主管部门应当通过数字化、信息化等技术手段，推动公共文化信息资源的公开和共享，并提高公共文化服务的信息化、网络化水平，增强文化信息资源的传输、存储和供给能力，提供方便快捷的文化服务。

(二) 财税政策

2013年7月30日，广东省文化厅发布《关于文化创意产业园区（集聚区）的管理办法》。该办法提出：通过开展竞争性评审，在已认定省产业园中择优选择若干个建设进度较快、发展潜力较大、基础设施建设需求和市场化融资规模较大的园区给予资金支持，示范产业园每个给予扶持资金1.5亿元，其他产业园每个给予扶持资金1亿元。对经省政府批准，由汕头、湛江、茂名、揭阳四市自建的省产业园，2013—2017年给予每市每年专项帮扶资金5000万元。

2014年6月6日，广东省财政厅、中共广东省委宣传部印发了《广东省文艺精品专项资金管理办法》。该办法规定，创作扶持资金的最高标准：动画电影和电视动画片每部30万元；前期生产扶持资金的最高标准：动画电影每部100万元，电视动画片每部50万元；后期生产扶持资金的最高标准：动画电影每部200万元，电视动画片每部100万元。

2014年10月15日，广东省财政厅、中共广东省委宣传部印发了《广东省文化产业发展专项资金管理办法》。该办法规定：专项资金采取专项补助、贴息、奖励三种资助方式。专项补助：补助资金额度单项最高为可达2000万元，对省委、省政府确定的重大文化产业项目，可视情况分年度连续给予支持；贴息：申请贴息资助的项目，其贷款必须是所申报项目的专项贷款，获得贷款时间在申请贴息资助之日的前1年内，且已支付利息半年以上，贴息金额为实际应付银行贷款利息总额的30%~100%，贴息期限不超过3年，贴息额度单项不超过500万元；奖励：对前一年度获得国际国内重大奖项或在国内外产生较大影响,具有良好经济效益和社会效益的项目进行奖励,奖金额度单项最高可达200万元。

(三)金融政策

2011年5月4日,中共广东省委宣传部、中国人民银行广州分行、广东省财政厅、广东省文化厅、广东省广播电影电视局、广东省新闻出版局、中国银行业监督管理委员会广东监管局、中国证券监督管理委员会广东监管局、中国保险监督管理委员会广东监管局联合印发了《关于金融支持广东省文化产业振兴和发展繁荣的实施意见》。该意见强调:要加大对优质文化企业的信贷投放,积极进行信贷产品创新,优化和完善业务模式、业务流程;加强对中小文化企业的信贷支持;设立文化产业发展基金和投资基金。

2012年8月27日,广东省人民政府印发了《鼓励和引导民间投资健康发展实施细则》。该细则就鼓励民间资本进入的领域和范围及规范管理措施作了具体规定。

2013年5月22日,中共广东省委宣传部、广东省发展和改革委员会、广东省财政厅、广东省人力资源和社会保障厅、广东省文化厅、广东省工商行政管理局印发了《关于加快文化强省建设的若干文化经济政策》。该政策提出:鼓励社会资本、国有大型企业以市场化运作方式组建文化产业投资基金以及文化产业风险投资基金;深入推进金融与文化战略合作,鼓励金融机构开展金融创新,开发多元化、多层次的信贷产品,加大对文化企业的金融支持力度;鼓励保险机构积极开发适合文化产业特点和需要的保险产品,建立文化企业保险承保和理赔的便捷通道,发挥保险支持文化发展的融资功能,鼓励保险公司投资文化企业发行的债券和文化产业投资基金;鼓励已上市文化企业通过公开增发、定向增发等再融资方式进行并购和重组;支持文化企业通过发行短期融资券、中期票据、集合票据、区域集优债券、私募债等方式融资。

2014年5月4日,广东省人民政府办公厅印发了《关于进一步促进服务业投资发展的若干意见》。该意见就深化服务业投资管理体制改革、加快服务领域对外开放、积极引导服务业投资方向、加强投资政策引导和支持等问题作了明确规定。

2014年8月8日，广东省文化厅、中国人民银行广州分行、广东省财政厅、中共广东省委宣传部、广东省人民政府金融工作办公室、广东省新闻出版广电局、广东省商务厅、中国银行业监督管理委员会广东监管局、中国证券监督管理委员会广东监管局、中国保险监督管理委员会广东监管局联合印发了《关于贯彻落实深入推进文化金融合作的实施意见的通知》。该意见强调要加大面向文化产业发展的金融创新，大力拓宽文化企业直接融资渠道，发展和完善文化企业信用体系建设，建立和完善文化金融中介服务体系，加强财政对文化金融合作的支持。

（四）人才政策

2013年5月22日，中共广东省委宣传部、广东省发展和改革委员会、广东省财政厅、广东省人力资源和社会保障厅、广东省文化厅、广东省工商行政管理局印发的《关于加快文化强省建设的若干文化经济政策》中提出：要抓好优秀文化人才培养工作，实施宣传思想战线"十百千工程"，实施文化领域"广东省文化名家工程""广东省青年文化英才工程"；要建立全省人才信息共享发布平台，促进文化领域人才的合理流动和配置；支持广东文化产业职业技术学院、广东舞蹈戏剧职业学院等文化职业教育和文化人才培养基地的建设，鼓励文化企事业单位、高等院校与文化园区合作建立各种层次的文化人才培养基地，加速技术、人才、资金、政策等要素聚集，促进人才培养规模化，专业化；要完善文化人才评价体系，健全人才激励机制。

2014年3月11日，中共广东省委组织部、中共广东省委宣传部、广东省教育厅、广东省科学技术厅、广东省财政厅、广东省人力资源和社会保障厅印发了《广东省培养高层次人才特殊支持计划》。该计划提出的高层次人才包括3个层次9类人才：第一层次为杰出人才，每年遴选一批，每批15名左右；第二层次为领军人才，每年遴选一批，每批140名左右，包括科技创新领军人才30名左右、科技创业领军人才30名左右、宣传思想文化领军人才20名左右、教学名师30名左右、百千万工程领军人才30名左右；第三层次为青年拔尖人才，每年遴选一批，每批180名左右，包括科技创新青年拔尖人才100名左右、青年文化英才30名左右、百千万工程青年拔尖人才50名左右。

（五）土地政策

2013年5月22日，中共广东省委宣传部、广东省发展和改革委员会、广东省财政厅、广东省人力资源和社会保障厅、广东省文化厅、广东省工商行政管理局印发的《关于加快文化强省建设的若干文化经济政策》中提出：重大基础设施和标志性文化工程、高新技术文化产业项目用地各地要优先予以安排。新建的公益性文化设施所需用地，符合《划拨用地目录》的可以划拨方式供地。对重点文化项目用地，经各级政府同意，可按国家有关规定在两年内分期缴纳土地出让金。公益性文化设施建设和相关配套设施项目可全部或部分免缴各项工程的二类费用。对将总部设于广东省，具有一定规模和经济效益的文化创意企业，以及将区域总部、研发中心设于广东省的国际大型文化企业，政府在土地供给上予以优先支持。

（六）市场政策

2014年6月16日，广东省商务厅、广东省委宣传部、广东省财政厅、广东省文化厅、海关总署广东分署、广东省新闻出版广电局共同制定并印发了《广东省文化产品和服务出口指导目录》。动漫产品、游戏产品、网络文化服务等被列入了该目录。其中的网络文化服务包括网络新闻、网络音乐、网络文学、网络艺术品、网络视频等网络内容产品的创意、制作、传输、技术研发、上产经营、传输及营销推广等。

(七)创新创业政策

2015年2月18日,广东省人民政府印发了《关于进一步促进创业带动就业的意见》。该意见就降低创业门槛和成本、加大扶持补贴力度、改进补贴发放方式、提升服务能力和水平、确保政策落实到位等几方面的问题作了详细规定和说明。如在加大扶持补贴力度方面提出了创业培训补贴、一次性创业资助、租金补贴、小额担保贷款贴息、优秀项目资助、加快创业孵化基地建设、设立创业引导基金等七项措施。其中"小额担保贷款贴息"规定:对自主创业(国家限制行业除外)自筹资金不足的,可申请小额担保贷款,其中个人最高20万元、合伙经营或创办小企业的,可按每人不超过20万元、贷款总额不超过200万元的额度实行"捆绑性"贷款;符合贷款条件的劳动密集型和科技型小微企业,贷款额度不超过300万元。在规定的贷款额度内,按照贷款基准利率最高上浮3个百分点据实给予贴息;劳动密集型和科技型小微贷款,按贷款基准利率的50%给予贴息。

2016年3月10日,广东省人民政府印发了《关于大力推进大众创业万众创新的实施意见》。意见在第六条《加大财政支持力度》中提出:要统筹用好各类支持小微企业和创业创新的财政资金,加大对创业创新人才和项目的支持力度,引导社会资源支持众创、众包、众扶、众筹加快发展。设立省级创业引导基金,通过阶段参股、跟进投资、风险补偿等方式,重点支持以初创企业为主要投资对象的创业投资企业发展以及大学生创业创新活动。对经认定并按规定为创业者提供创业孵化服务的创业孵化基地,按每户不超过3000元标准和实际孵化成功户数给予创业孵化补贴;对入驻政府主办的创业孵化基地(创业园区)的初创企业,按第一年不低于80%、第二年不低于50%、第三年不低于20%的比例减免租金。落实创业培训补贴、一次性创业资助、租金补贴、创业带动就业补贴等各项扶持政策。

(八)规范性文件

2006年4月10日,广东省人民政府印发了《广东省省级财政专项资金管理暂行规定》。该规定对省级财政专项资金的设立原则、审批程序、监督执行和绩效考核等内容作了详细的规定。

2007年7月4日，广东省人民政府办公厅印发了《广东省文化产业示范基地认定暂行管理办法》。该办法对广东省文化产业示范基地的认定条件、申报和认定程序及管理和考核等方面的问题作了详细说明。

2012年4月17日，广东省财政厅、广东省中小企业局印发了《广东省财政扶持中小企业发展专项资金管理暂行办法》。该办法对专项资金的扶持对象、支持方式、支持范围及资金的申报、审核与拨付等作了详细规定。

2014年5月23日，广东省财政厅、广东省经济和信息化委员会印发了《广东省省级产业园扩能增效专项资金管理办法》。该办法规定了专项资金支持范围包括：支持省产业园（含新享受政策园区）基础设施建设，支持省产业园加快产业集聚发展，支持省产业园企业创新，支持示范产业园开发建设，等。

2014年7月7日，广东省财政厅、广东省商务厅印发《广东省服务贸易发展专项资金管理办法》。该办法对服务贸易发展专项资金的支持对象、支持方式、申报与审核及拨付流程等作了明确规定。

2015年2月16日，广东省人民政府印发了《广东省加快发展对外文化贸易实施方案》。该方案强调：要依托广东省文化创意产业园区、影视创作基地、数字出版基地、网游动漫产业基地等，培育一批具有一定出口规模、出口配套条件较好的对外文化贸易集聚区，鼓励和引导具有一定国际影响力、行业带动力强的外向型文化企业和机构入驻。

2015年4月30日，广东省财政厅、广东省经济和信息化委员会印发了《广东省省级企业转型升级专项资金管理办法》。该办法规定了专项资金支持范围，主要包括：国家和省产业政策鼓励发展的行业共性、关键、核心技术及其产业化和市场化；支持产业链和产业基地、产业集群和产业联盟等平台建设；对产业升级和结构调整有重要带动作用的项目建设；对省产业发展具有重要支持作用的关键核心和共性技术平台建设；对企业自主创新能力提升具有重大推动作用的平台建设。

2016年3月17日，广东省文化厅发布了《广东省文化厅省级文化产业示范园区管理办法》。该办法对广东省级文化产业示范园区的申报和认定、管理和考核、支持和服务等方面的问题作了具体说明。

2017年7月21日，广东省财政厅、广东省经济和信息化委员会印发了《广东省省级工业和信息化专项资金管理办法》。该办法规定了专项资金支持范围，主要包括：支持企业转型升级项目；支持企业技术改造项目；支持产业园扩能增效项目；支持生产服务业发展项目；支持信息化和信息产业发展项目；支持中小微企业发展和民营经济发展项目；支持产业共建项目等。

(九)规划指导性文件

2006年7月24日，广东省新闻出版局印发了《广东省新闻出版（版权）业"十一五"发展规划大纲》。该大纲提出：要以自主版权为核心，以信息技术为手段，增强自主开发能力；要加快以广州为中心的国家网络游戏动漫产业基地建设，形成集研发、人才、运营、展示的新型产业链，使之成为一流的国家网络游戏动漫产业基地，并推动相关产业迅速发展。

2007年4月10日，广东省人民政府办公厅印发了《广东省文化产业发展"十一五"规划》。该规划提出：要充分运用先进信息、网络技术和现代生产方式改造提升传统文化产业，延伸服务领域，拓展服务内容，增强文化生产的创新能力，促进产业升级，加快发展数字内容产业；要发展网络电台电视、视频点播、流媒体、电子出版等新业务，积极促进出版产业的多媒体、网络化发展；要大力发展音像、电子、网络出版，实施图书、光盘、互联网三者的立体开发和跨媒体出版。

2009年10月13日，中共广东省委办公厅、广东省人民政府办公厅印发了《关于加快提升文化软实力的实施意见》。该意见提出：要加大广东省重点新闻网站扶持力度,培育国有或国有控股的商业网站,积极实施"文化上网工程";建设一批高质量的文化信息数据库,建立健全广东省文化信息资源共享网络服务体系;加强网络文化产品精品生产,实施民族网络游戏出版、原创动漫游戏发展工程。

2010年7月23日,中共广东省委、广东省人民政府印发了《广东省建设文化强省规划纲要(2011—2020年)》。该纲要提出:要加大对重点网站的扶持力度,建立省级新媒体发展基金,推动南方新闻网等重点新闻网站改制和上市,建设一批在全国有较大影响力的新闻网站,培育国有或国有控股的大型商业网站;要促进传统媒体和新兴媒体的融合发展,支持广东省主要媒体积极发展手机网站、手机报刊、手机电视、移动电视、网络广播、网络电视等新兴传播载体,尽快建设一批新媒体优质品牌;要创新网络文化形式,实施网络文化精品工程,培育有广东特色的网络文学、网络音乐和健康向上的网络动漫、游戏等网络文化产品,加大原创网络文化产品扶持力度。

2011年6月20日,广东省人民政府发布了《关于加快珠江三角洲地区文化创意产业发展的指导意见》。该意见提出:要重点支持广州、深圳市发展创意设计、动漫游戏、数字出版、影视制作等高端和新兴文化创意产业,建设"设计之都""创意之城";优先发展数字出版等新兴出版产业。

2011年8月30日,广东省新闻出版局发布了《广东省新闻出版和版权业"十二五"发展规划》。该规划明确提出:要加速发展新闻出版新兴业态,扶持培育10家以上数字出版大型品牌企业,数字出版业总产值500亿元;要加快发展数字出版产业。以数字化带动出版业现代化,运用高新技术创新业态,推动产业战略转型;要扶持具有自主知识产权的数字出版核心技术的研发及应用,大力发展电子书、网络出版、手机出版、网游动漫、数字音乐等新兴产业,把数字出版产业打造成出版业的支柱产业;保持数字出版年均增长20%左右,2015年总产出500亿元;要着力推动传统出版产业的数字化转型并进入资本市场和国际市场,提升产业竞争力;重点建设数字出版、网游动漫、音乐创意等3个国家级基地和出版流程数字化再造、城市综合信息门户网站、数字出版服务及管理平台、出版资源智能化数据库、新媒体形态探索和内容建设、网络游戏动漫出版、出版物物流配送中心、信息内容处理技术研发应用等8大核心工程项目。

2012年4月6日，广东省人民政府办公厅印发了《广东省文化事业发展"十二五"规划》。该规划提出：要实施文化"数字化"出版工程；要推动各类文化资源的数字化建设，打造网络文化精品；要以"广东文化网"为依托，大力推进网上图书馆、博物馆、剧场等覆盖全省的数字文化服务网络建设。

2012年9月2日，广东省人民政府办公厅印发了《关于促进我省设计产业发展的若干意见》。该意见提出：要以广州、深圳为核心，依托珠三角城市设计资源，充分利用港澳设计资源优势，构建珠三角设计产业圈，引导和支持设计产业向规模集聚、集约化方向发展；要加快建设一批以工业设计、文化创意、时尚设计、工艺美术、新媒体等为主的实体设计产业园区，同时积极推广网络设计，研究建设虚拟设计园区，推动企业设计专业化、社会化发展和园区化集聚。

2013年2月7日，中共广东省委办公厅、广东省人民政府办公厅印发了《关于促进我省文化和科技融合发展的意见》。该意见明确提出：要开展出版发行数字化、内容资源集成、数字版权保护等技术研发；要推广应用语义智能搜索、多媒体复合关联编码、彩色电子纸等技术，促进传统新闻出版产业的数字化转型升级；要支持发展电子图书、数字报刊、网络原创文学、网络教育出版、数据库内容出版、移动终端出版等数字出版新兴业态；要建设广东国家数字出版基地、国家音乐创意产业基地、国家网络游戏动漫产业发展基地、广东版权兴业示范基地和数字教育云平台；要建设全媒体数字出版、数字内容投送等公共服务管理平台。

2013年3月30日，广东省外经贸厅广东省文化厅印发了《促进对外文化贸易发展实施意见》。该意见将创意设计、网络文化、文化产品数字制作、动漫游戏等新兴文化行业列入了外文化贸易发展的重点领域。

2013年5月10日，广东省人民政府印发了《广东省信息化发展规划纲要（2013—2020年）》。该纲要明确提出：要加强网络文化建设，发展数字出版业，推进文化信息资源共享工程，支持开发具有广东特色的数字文化产品，打造数字内容产业链，培育新型数字文化娱乐消费。

2013年5月22日，中共广东省委宣传部、广东省发展和改革委员会、广东省财政厅、广东省人力资源和社会保障厅、广东省文化厅、广东省工商行政管理局印发了《关于加快文化强省建设的若干文化经济政策》。该文件从财税、土地利用、市场准入、投融资及人才引进等方面加大了对文化企业的扶持力度。

2014年5月4日，广东省人民政府办公厅印发了《关于进一步促进服务业投资发展若干意见》。该意见将信息服务、科技服务、设计创意、专业服务、电子商务等生产性服务行业列入了重点投资方向。

2015年2月18日，广东省人民政府印发了《关于进一步促进创业带动就业的意见》。该意见提出：每年将在文化产业、现代服务业、电子商务、互联网等领域遴选一批优秀创业项目并给予重点扶持。

2015年11月13日，广东省人民政府印发了《广东省推进文化创意和设计服务与相关产业融合发展行动计划（2015—2020年）》。该计划提出：要推动传统媒体和新兴媒体融合发展，实施动漫游戏精品战略，以加快广东数字内容产业的发展。

2016年4月20日，广东省人民政府印发《广东省国民经济和社会发展第十三个五年规划纲要》。该纲要提出：要实施全媒体发展战略，规范发展新兴媒体，推动传统媒体和新兴媒体融合发展，加快媒体数字化建设；要推动文化产业结构优化升级，加快发展文化创意、广播影视、出版传媒、网络文化服务、演艺娱乐、文化会展等文化产业，培育新型文化业态，加强科技与文化融合，努力将文化产业打造成为支柱产业。

2017年4月13日，广东省发展改革委印发了《广东省现代服务业发展"十三五"规划》。该规划在第五节文化创意服务中提到：要大力实施精品战略，着力提升文化服务内涵和品质，促进文学艺术、广播影视、新闻出版、动漫及其周边产品、网络游戏等文化创意产业繁荣发展；要进一步推动数字技术和网络技术在文化创意产业中的应用，加快数字内容产业发展，重点推进发展数字媒体、数字出版、移动多媒体、手机电视、手机动漫等新媒体产业；要加快建设国家网络游戏动漫产业发展基地；要加快发展数字出版产业，推动广东自主研发的数字出版核心技术产业化。

2017年8月7日，广东省新闻出版广电局印发了《广东省新闻出版广播影视版权"十三五"发展规划》。该规划明确提出："十三五"时期，数字出版产业年营业收入年均增长不低于10%；网络视听新媒体产业产值达到200亿以上；国民数字化阅读率达到70%，各项主要阅读指标位居全国前列；珠三角地区数字农家书屋实现全覆盖；要重点推进传统媒体和新兴媒体在内容、渠道、平台、经营、管理等方面的深度融合、有机融合。

二、数字出版专项政策

(一)财税政策

2006年10月13日，广州市人民政府印发了《广州市进一步扶持软件和动漫产业发展的若干规定》。该意见提出：从2007年起5年内，每年安排1.5亿元资金（广州市科技局、广州市发改委、广州市财政局各安排5000万元），设立广州市软件和动漫产业发展资金（简称"产业发展资金"），主要用于鼓励对软件和动漫产业的投资，对软件和动漫企业及其高级技术和管理人员予以奖励，为吸引国内外大型软件和动漫企业或研发机构落户广州提供政策性补助，支持软件和动漫人才的引进、培训以及扶持软件和动漫产业基地建设等。

(二)规划指导性文件

2008年8月22日,中共广东省委宣传部、广东省新闻出版局、广东省信息产业厅联合发布《关于加快推进广东数字出版的若干意见》。该意见明确提出,到2010年,完成传统出版生产流程的数字化再造、城市综合信息门户网站建设、广东知识资源智能化数据库建设和数字图书、报纸、期刊、音像、管理等公共服务平台建设等示范项目。2015年前,对上述建设项目进行技术升级、全面推广及新一轮开发,统一使用经国家确认的数字产业技术标准,不断完善我省数字出版产业结构,力争在10年内,使广东成为国内数字出版产业发展的重要基地。

2016年11月22日,广州市人民政府办公厅印发了《关于加快动漫游戏产业发展的意见》。该意见提出,广州动漫游戏产业发展的总体目标,通过资金扶持、政策推动、产业聚合,推进动漫游戏"产、学、研"一体化,形成比较成熟的动漫游戏产业链,打造一批实力雄厚、具有较强竞争力的大型动漫游戏龙头企业。培育一批技术先进、专业性强的中小型动漫游戏企业。创造一批有国际国内影响力的动漫品牌,打造动漫之都。力争用5~10年的时间,使广州原创动漫游戏产品生产数量大幅增加,技术创新能力持续增强,精品力作不断涌现,产业规模不断扩大,保持在全国的领先地位,跻身国际动漫游戏产业强市行列。

2017年8月8日,广东新闻出版广电局印发了《广东省数字出版"十三五"发展规划》。该规划提出:到2020年,广东全省数字出版年营收达到1000亿元左右,广东国家数字出版基地年营收300亿元左右,整体规模居于国内领先水平。加大研发和技术创新力度,确立一批示范单位、项目、基地(园区),打造一批形态多样、手段先进、市场竞争力强的新型新闻出版机构,全省数字出版总产值占同期新闻出版业总产值30%以上;拥有互联网出版资质单位100家以上,在全省建成3~5家各具特色、年营收超百亿元的数字出版产业园区，培育10~15家年主营业务收入超过10亿元的具有国际竞争力的数字出版骨干企业。重点新闻出版单位基本完成数字化转型，数字化产品和服务的运营份额在总份额中占重要比例，国家级数字出版转型示范单位达到10~15家，省级数字出版转型示范单位达到50家；国民数字阅读率达到70%；建设数字内容投送平台2~3个；建设3~5家具有强大实力和传播力公信力影响力的新闻出版传媒集团。

第四节　北上广国家级数字出版基地政策发展状况

一、北京国家数字出版基地政策

北京国家数字出版基地是2013年经国家新闻出版广电总局批准的全国14家国家级数字出版基地之一，是北京市唯一的一家国家级数字出版基地。北京国家数字出版基地位于北京市丰台区榆树庄村，园区规划区域为榆树庄村3.6平方公里，其中核心区规划建筑面积为71万平方米，生活功能与城市功能规划建筑面积分别为74万平方米、32万平方米。

北京国家数字出版基地先导区内的企业，凡符合中关村园区政策享用资格的，享受国务院、北京市与中关村给予的一系列科技创新政策；与此同时，园区内数字出版企业，享受北京市、丰台区给予的文化创意产业发展的一系列政策扶持。

为加快北京国家数字出版基地建设，北京市政府和丰台政府区正在研究加快北京国家数字出版基地的意见政策，计划在对企业入驻、发展、人才等方面全面给予资金补贴与奖励，对重点企业在人才引进、子女入学和人才公租房等方面予以扶持。

二、上海张江国家数字出版基地政策

2008年7月14日,国家新闻出版总署办公厅印发《新闻出版总署关于与上海市人民政府建立部市合作机制的复函》。该复函主要内容有:同意建立部市合作机制,充分依托上海在文化、科技、经济等方面的现有基础,充分发挥浦东作为国家综合配套改革试点地区先行先试的体制机制优势,共同探索和推动数字出版产业的发展;同意在上海市浦东新区建立国家数字出版基地。基地要在税收、投融资、财政、土地用房、人才等方面制定切实可行的扶持政策,为数字出版企业提供全面优质的服务。

2008年8月2日,上海市浦东新区文化广播电视管理局、上海市浦东新区科学技术委员会、上海市浦东新区财政局、上海市张江高科技园区管理委员会印发了联合下发《关于建立"张江国家数字出版基地建设专项资金"的通知》。该通知明确提出,2008—2011年,每年投入5000万元支持基地建设。

2009年2月27日,上海数字出版部市合作领导小组办公室发布了《上海数字出版业发展引导目录(2009版)》。该目录包括产业发展研究、公共服务平台建设、内容资源数据库建设、软件产品开发、数字出版相关技术研发等五大方面21个类别。目录既重视数字出版发展的一些基础性工程、项目以及公益性、共享性平台建设,也突出了市场化、产业化程度高的一些新兴领域。特别是结合国内外数字出版发展的趋势和上海的城市特点及优势,进行了一些重点规划。

2009年5月19日,上海市浦东新区文化广播电视管理局、上海市浦东新区科学技术委员会、上海市浦东新区财政局、上海市张江高科技园区管理委员会印发了《张江国家数字出版基地数字出版企业(机构)认定办法(试行)》。该办法对认定机构、认定标准及申请、审定和复审程序等作了详细说明。依照本办法认定的数字出版企业(机构),凭认定证书享受浦东新区张江高科技园区的相关优惠政策和张江国家数字出版基地建设专项资金扶持政策。

2009年5月19日，上海市浦东新区文化广播电视管理局、上海市浦东新区科学技术委员会、上海市浦东新区财政局、上海市张江高科技园区管理委员会印发了《张江国家数字出版基地建设专项资金管理办法（试行）》。该办法明确规定，2008—2011年，张江高科技发展专项资金和浦东新区宣传文化发展基金和浦东新区科技发展基金按3∶1∶1的比例每年出资5000万元人民币，共计2亿元人民币，并在新区财政局设立"张江国家数字出版基地建设专项资金"专门账户，实施统一管理。同时对专项资金的适用范围、扶持方式及标准、申请及拨付程序等作了详细说明。

2012年7月30日，上海市张江高科技园区管理委员会印发了《关于"十二五"期间促进上海市张江高科技园区创新发展的若干意见》。该意见强调将在集聚高端人才、鼓励自主创新、提升产业能级、发展科技金融、加快创业孵化、培育优质企业、优化投资环境、支持环保示范等方面提供资金扶持。

2011年1月11日，上海市张江高科技园区管理委员会印发了《上海市张江高科技园区文化产业发展扶持办法》。该办法规定，园区产业扶持资金由园区管委会按照年度预算进行安排。支持措施包括重大产业专项配套（单个项目的匹配额最高可达1000万元人民币）、企业并购资助（对单个企业的年度资助总额最高可达100万元人民币）、产业化融资贴息（单个项目贴息累计最高可达2000万元人民币）、重大技术装备业绩突破奖励（对单个企业的年度奖励总额最高可达1000万元人民币）、产业联盟项目资助（每个项目的资助最高可达200万元人民币）、技术示范项目资助（每个项目的资助最高可达500万元人民币）。

2012年12月31日，上海市张江高科技园区管理委员会印发了《上海市张江高科技园区自主创新人才激励办法》《上海市张江高科技园区自主创新人才激励办法》《上海市张江高科技园区企业发展扶持办法》《上海市张江高科技园区产业扶持管理办法》《上海市张江高科技园区环境保护和节能减排扶持办法》《上海市张江高科技园区科技中介组织发展扶持办法》《上海市张江高科技园区企业集中服务试点管理办法》《上海市张江高科技园区人才公寓管理办法》《上海市张江高科技园区知识产权工作奖励办法》《上海市张江高科技园区科技公共服务平台扶持办法》《上海市张江高科技园区科技专项配套与奖励办法》《上海市张江高科技园区企业信用体系建设管理办法》《上海市张江高科技园区创业投资管理办法》《上海市张江高科技园区行政审批和政府服务"零收费"管理办法》《上海市张江高科技园区科技孵化及加速发展扶持办法》等15项办法。

三、广东国家数字出版基地政策

(一)广东国家数字出版基地

2011年2月28日,国家新闻出版总署致函广东省人民政府《关于同意建设广东国家数字出版基地的函》,同意在广州建立广东国家数字出版基地。广东国家数字出版基地(广州天河软件园),规划总用地面积为78435平方米,总建设规模为9.5万平方米。广东国家数字出版基地(广州天河软件园)自成立以来,出台了一系列产业扶持政策,对数字出版产业的发展起了巨大的促进作用。

2015年10月21日,天河区人民政府印发了《天河区产业发展专项资金支持科技创新产业发展实施办法》。该办法明确规定,专项资金支持的项目包括科技产业项目(单个最高可达50万元)、科技补贴和奖励项目(项目奖励最高可达20万元)、科技金融项目(对在"新三板"挂牌的区内企业给予80万元的一次性补贴)、科技服务项目、两化融合项目、知识产权项目等。

2015年11月11日,天河区人民政府印发了《广州市天河区产业发展专项资金管理办法》。该办法指出,专项资金由区财政预算安排,用于支持辖区企业发展,促进产业转型升级的资金;产业专项资金分为高层次人才创新创业分项、园区优势产业发展分项、绿色发展分项、高端服务业分项、重点企业落户分项、招商机构引进投资分项和科技创新分项。

2015年11月12日，广州高新技术产业开发区天河科技园管理委员会、广州天河软件园管理委员会印发了《天河区产业发展专项资金支持天河科技园和软件园发展实施办法》。该办法提出，本实施办法执行期内，每年安排不超过1.5亿元的资金，主要用于集聚创新要素、完善创新体系、推动自主创新、提升核心竞争力、鼓励做大做强、培育龙头企业等，着力推动园区优势产业发展。

2015年12月12日，天河区人民政府印发了《天河区产业发展专项资金支持重点企业落户实施办法》。该办法提出，经认定的重点企业，按其税务关系落户天河后，连续12个月对区经济社会发展新增贡献情况，给予最高200万元的一次性支持；经认定的重点企业，本部在天河区内租赁自用办公用房的（不含附属和配套用房），连续3年可获得不超过租金价格20%的支持。

(二)广东国家数字出版基地政策

广东国家数字出版基地（深圳园区）是经国家新闻出版广电总局批准深圳出版发行集团负责筹建的国家级数字出版产业基地，明确列入了《深圳市国民经济和社会发展第十三个五年规划纲要》和《深圳文化创新发展2020（实施方案）》。

广东国家数字出版基地（深圳园区）拟采用"一个园区、多个分区"的规划思路，到2026年逐步在全市范围内形成龙华（国家级数字技术研发中心+众创空间）、福田（创意设计+数字内容）、南山（影视游戏+IP内容产业）和前海（金融+国际数字内容版权交易服务中心），打造国际数字出版产业的国家级战略高地，建设面向全球的国际数字出版内容产业中心。2016年12月，广东国家数字出版基地深圳龙华园区建设正式启动，在定位上，园区将重点发展数字技术研发、数字阅读、网络视频、影视、动漫游戏等数字出版产业，打造集总部独栋办公、生产研发、产业协作、配套商业、公寓等于一体的综合业态。

广东国家数字出版基地深圳龙华园区除了可享受广东省和深圳市有关人才引进、科技进步、文化创意产业及产业发展等产业扶持政策外，还出台了一系列优惠政策。

2012年8月5日，深圳市龙华新区管理委员会印发了《龙华新区关于加快高新技术和战略性新兴产业发展的若干措施（试行）》。该措施提出，对中央直属企业、国内著名企业、跨国公司、国家研究机构、国家重点大学在新区设立具有独立法人资格、符合新区产业发展导向的研发机构，予以最高500万元资助；鼓励高等院校、科研院所、办事处、社区、企业和其他社会力量建设科技企业孵化器、科技企业加速器、高新技术产业园、战略性新兴产业园、软件园。对经认定的上述园区予以最高300万元资助；鼓励企业、高等院校和科研机构承担国家、省、市工程实验室、重点实验室、工程中心等建设任务，凡在新区实施的，予以最高500万元的配套资助。

2012年8月5日，深圳市龙华新区管理委员会印发了《龙华新区关于加快现代服务业发展的若干措施（试行）》。该措施提出，要加快推进龙华新区"文化强区"战略，促进文化创意产业跨越式发展，支持新区文化创意产业重点领域内的企业（包含创意设计、文化软件、动漫游戏、新媒体及文化信息服务、数字出版、影视演艺、文化旅游、非物质文化遗产开发、高端印刷、高端工艺美术在内的十大重点发展领域的文化创意企业）的项目及重点环节的发展；支持文化创意企业原创研发项目启动，支持额度最高50万元；支持文化创意企业原创研发成果产业化及市场推广，支持额度最高100万元。

2015年10月21日，深圳市龙华新区经济服务局印发了《龙华新区科技与产业发展专项资金实施细则（科技创新分项）》。该细则强调，专项资金支持的范围包括国家、省、市科技计划项目配套资助类、研发机构引进资助类、科技人才创新资助类、重点实验室资助类、公共技术服务平台资助类、重点领域技术创新项目资助类、战略性新兴产业重点企业引进资助类、国家高新技术企业认定资助类等21个分类。

2013年9月12日，深圳市龙华新区公共事业局办公室印发了《龙华新区文化创意产业发展专项资金管理实施细则》。该实施细则内容包括：提出了专项资金重点扶持的10个领域，其中包括数字出版和动漫游戏业；新区数字出版、图书报刊出版、音像出版等企业出版的产品获得"中国出版政府奖"等国家级政府类重大奖项的，给予一次性最高50万元的奖励；新区原创影视动画片、原创影视产品在中央、省级上星频道（动画片含省级少儿动画频道）及市级电视台相关频道播出的，分别给予一次性最高60万元、40万元、20万元奖励；获得国际知名动漫节展、国际A类电影节主要奖项、国家级政府类重大奖项的，给予一次性最高40万元奖励。

第五章 北上广数字出版产业政策比较分析

第一节 数字出版专项政策比较分析

一、数字出版专项政策数量比较

北上广省（市）级政府自2008年以来，制定和发布的数字出版专项政策数量如图5-1所示，其中北京为8项，上海为15项，广东为3项（含深圳1项），上海制定和出台的数字出版专项政策数量要远远高于北京和广东。

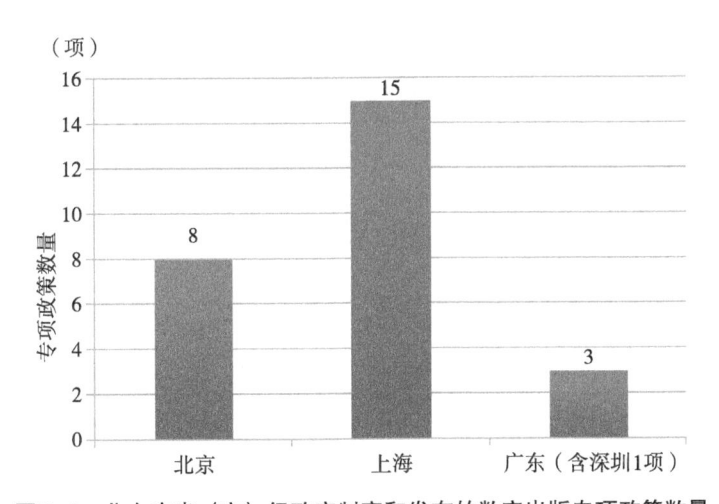

图5-1 北上广省（市）级政府制定和发布的数字出版专项政策数量

二、数字出版专项政策分类统计

北上广省（市）级政府出台的数字出版专项政策的分类统计如图5-2所示，从图中可以看出，北上广省（市）级政府出台的数字出版专项政策主要有财税优惠类政策（资金和项目扶持类）、规划指导类政策和人才政策三类，其中上海出台的财税优惠类政策为最多，达到11项。

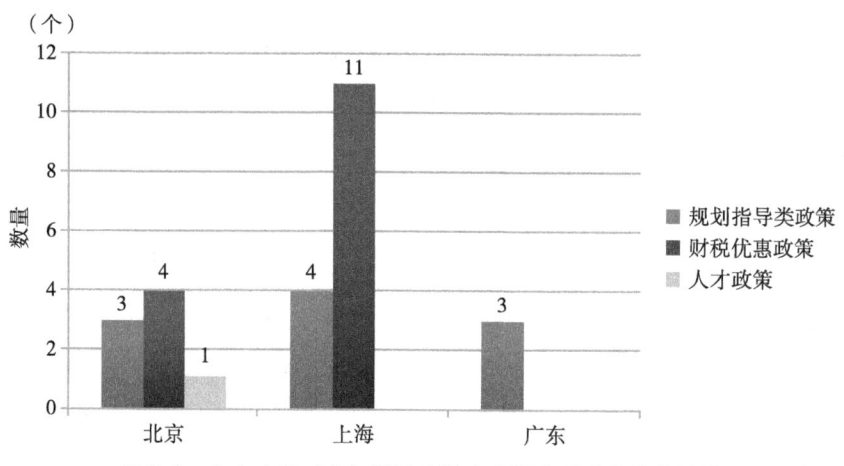

图5-2 北上广省（市）级政府数字出版专项政策分类统计

第二节 数字出版相关政策比较分析

一、数字出版相关政策数量比较

北上广省（市）级政府自1997年以来，制定和发布的数字出版相关政策数量如图5-3所示，其中北京为31项，上海为45项，广东为49项（广东省级政府36项，深圳特区13项）。广东（包括深圳）市级政府出台的数字出版相关政策数量要略高于北京和上海。

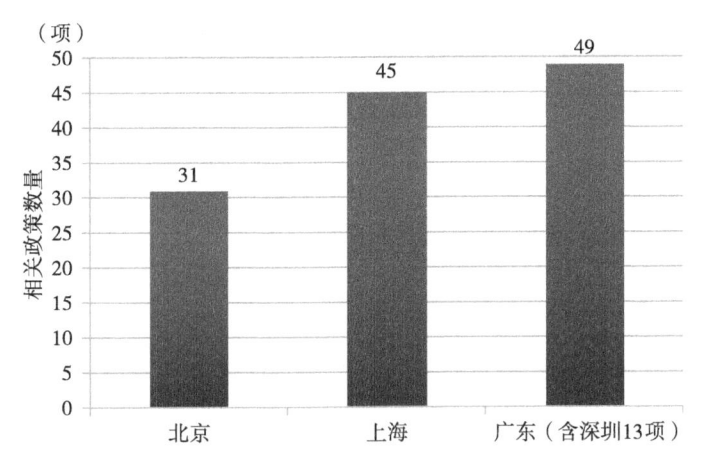

图 5-3 北上广省（市）级政府出台的数字出版相关政策数量

二、数字出版相关政策分类统计

北上广省（市）级政府出台的数字出版相关政策的分类统计如图 5-4 所示，从图中可以看出，北上广省（市）级政府出台的数字出版相关政策主要有法律法规、财税优惠类政策（资金和项目扶持类）、金融政策、规范性文件、规划指导性文件等五类，其中上海出台的财税优惠类政策为最多，达到 16 项，明显高于北京。

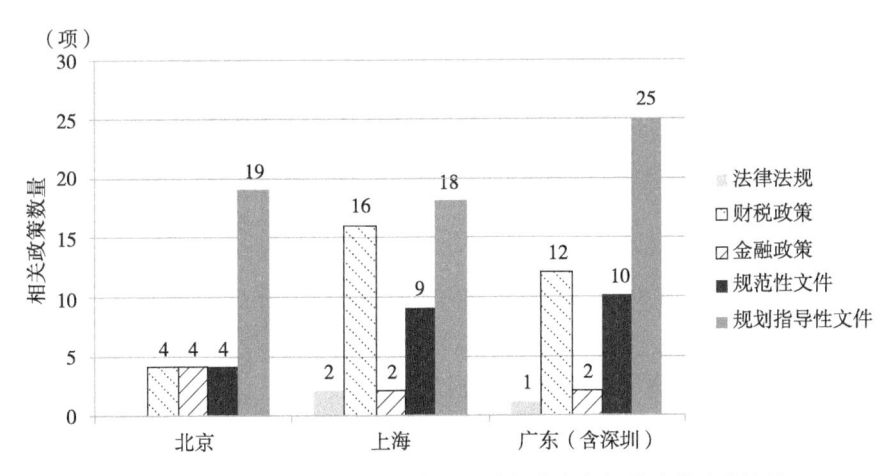

图 5-4 北上广省（市）级政府出台的数字出版相关政策分类统计

第三节　数字出版基地政策比较分析

一、数字出版基地政策数量比较

北京国家数字出版基地建设时间短，目前还没有出台有关扶持政策。上海张江国家数字出版基地是我国第一家国家级数字出版基地，建立于2008年，广东国家数字出版基地包括广州天河软件园基地（2011年建立）和深圳园区基地（2016年建立）。上海张江国家数字出版基地和广东国家数字出版基地自建立以来，分别出台了一系列产业扶持政策，出台的政策数量如图5-5所示，上海张江国家数字出版基地出台各类政策25项，广东国家数字出版基地出台各类政策15项。

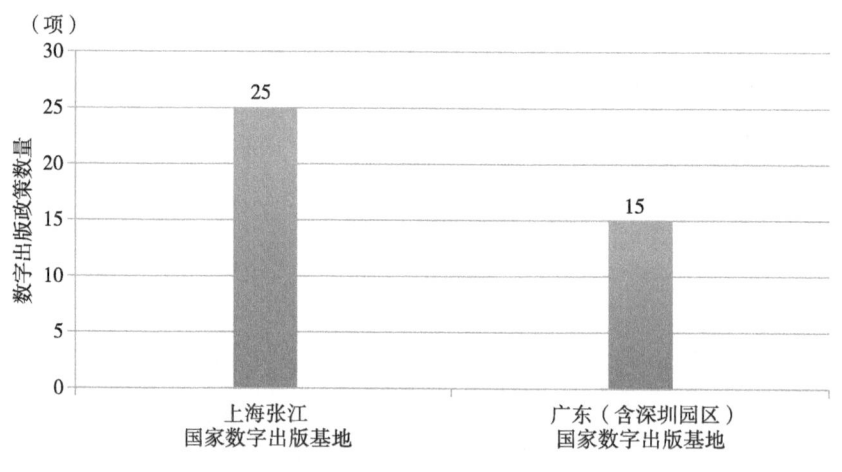

图5-5　上海、广东国家数字出版基地数字出版产业政策数量

二、数字出版基地政策分类统计

上海、广东国家数字出版基地出台的数字出版产业政策的分类统计如图

5-6所示。从图中可以看出，两家国家数字出版基地出台的数字出版产业政策主要有财税优惠类政策（资金和项目扶持类）、金融政策、规范性文件、人才政策及创业创新扶持政策等五类。

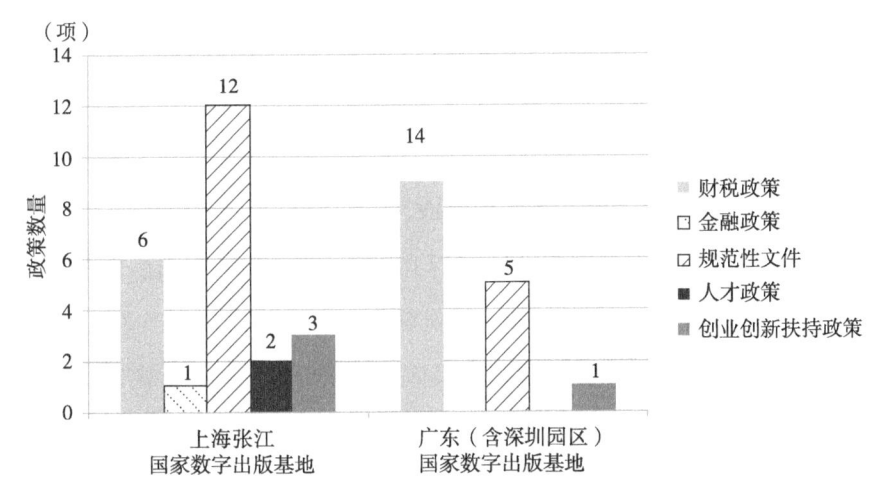

图5-6 上海、广东国家数字出版基地数字出版产业政策分类统计

第四节 数字出版政策特征比较分析

一、北京市数字出版政策特征

(一)重点扶持动漫和网络游戏产业

自2009年以来，北京市共出台数字出版专项政策8项，其中有5项是针对动漫和网络游戏的扶持政策。如《北京市关于支持影视动画产业发展的实施办法（试行）》提出，在北京市文化创意产业发展专项资金中安排专项，支持影视动画产业发展；对在北京市立项、具有自主知识产权的优秀原创动画剧本和样片，择优予以前期资助，资助额为项目实际到位投资额的5%~

15%。《北京市关于支持中国动漫游戏城发展的实施办法（试行）》提出，北京市设立中国动漫游戏城发展专项资金，每年1亿元，支持中国动漫游戏城公共服务平台建设、技术研究、知识产权保护、人才培养等。《北京市关于支持网络游戏产业发展的实施办法（试行）》中提出，在市文化创意产业发展专项资金中安排专项，支持网络游戏产业发展；对北京地区网络游戏企业自主研发的原创网络游戏产品，择优予以前期资助，资助额为100万~200万元。

（二）大力推进和引导基地园区建设

北京市现有各类基地和产业园区近100家，其中和数字出版产业发展相关的基地和园区就有近50家。如中关村软件园、中关村创意产业先导基地、中关村科技园区雍和园、大兴国家新媒体产业基地、中国动漫游戏城、中国怀柔影视基地、北普陀影视基地、歌华创意产业园、后街美术与设计创意产业园、三间房国际动漫产业园、中国对外文化集团公司、北京数字娱乐产业示范基地、北京经济技术开发区、北京运河文化创意产业园、国投信息创意产业园、北京锦秋文化创意产业园、北京文化创意产业园、北京出版创意产业园、北京CBD国际传媒产业园、北京音乐创意产业园、竞园（北京）图片产业基地、中关村数字电视产业园、北京昊成传媒文化创意产业园、昌平八大文化创意产业聚集区、中影集团电影数字制作基地等。

北京数字出版产业相关政策对上述基地和园区的规划与布局及建设和发展等方面发挥了十分重要的作用。如《北京市促进文化创意产业发展的若干政策》《北京市数字娱乐产业基地优惠政策》《北京市"十二五"文化创意产业发展规划》等相关政策从财税优惠、科技金融、股权激励、技术创新、人才引进及重大科技项目等各个方面对基地和园区的建设和发展给予了大力扶持。

（三）注重数字出版人才培养

在数字出版人才队伍建设方面，北京市出台了《2014北京市人才引进招聘管理办法》《北京市高级人才奖励管理规定》等相关政策。2015年11月北京市新闻出版广电局和北京市人力资源和社会保障局联合印发《北京市新闻系列数字传播（数字编辑）专业技术资格评价办法》，该办法规定，北京市新闻系列（数字编辑）专业包括数字新闻编辑、数字出版编辑、数字视听编辑三个方向，具体划分为：数字新闻编辑包括：数字新闻内容编辑、数字新闻技术编辑、数字新闻运维编辑等专业；数字出版编辑包括：数字出版内容编辑、数字出版技术编辑、数字出版运维编辑等专业；数字视听编辑包括：数字视听内容编辑、数字视听技术编辑、数字视听运维编辑等专业。该办法设定的专业技术资格为正高级、副高级、中级、初级（助理级）四个等级，各级别专业技术资格名称分别为：高级编辑、主任编辑、编辑、助理编辑。

目前，北京市数字传播行业已有近400人获得了数字编辑专业中级、初级职称资格，有65人获得高级职称。

(四)积极推动技术创新

北京市自1988年以来，出台了《北京市新技术产业开发试验区暂行条例》《北京市关于进一步促进高新技术产业发展的若干规定》《北京市人民政府关于贯彻国务院鼓励软件产业和集成电路产业发展若干政策的实施意见》《2014年北京高新技术企业认定优惠政策》等产业技术政策。对数字出版产业给予了诱人的激励机制和扶持制度。北京市通过财税优惠政策和金融扶持政策的支持，极大地推动了高新技术的发展和创新。

二、上海市数字出版政策特征

(一)产业发展政策体系较为完善

上海市数字出版产业发展政策体系涵盖了数字出版产业规划与布局、财政税收、技术发展、金融服务和人才引进与激励等诸多方面，形成了较为完整的产业发展政策体系。

产业规划与布局方面的政策主要有：《上海创意产业"十一五"发展规划》《上海市国民经济和社会发展第十一个五年规划纲要》《上海市信息服务业发展三年行动纲要》《上海市信息服务业发展三年行动计划》《关于加快上海市文化产业发展的若干意见》《上海市国民经济和社会发展第十二个五年规划纲要》《上海市文化创意产业发展"十二五"规划》《上海市新闻出版业第十二个五年规划纲要》《上海市战略性新兴产业发展"十二五"规划》《上海市服务业发展"十二五"规划》《关于促进本市数字出版产业发展若干意见》《上海市数字出版"十二五"规划》《上海市促进创意设计产业发展财政专项资金实施办法（试行）》《上海推进移动互联网产业发展2012—2015年行动计划》《上海市推进"互联网+"行动实施意见》《上海市文化创意产业发展三年行动计划（2016—2018年）》《上海市"十三五"时期文化改革发展规划》《上海创意与设计产业发展"十三五"规划》。

财政税收方面的政策主要有：《上海市信息化发展专项资金管理办法》《上海市服务发展引导资金使用管理办法》《上海市宣传文化专项资金管理暂行办法》《上海市促进文化创意产业发展财政扶持资金实施办法》《上海市新闻出版专项资金管理办法》《上海市促进创意设计产业发展财政专项资金实施办法》《上海市动漫游戏产业发展扶持资金管理办法》《上海市网络视听产业专项资金管理办法》《上海市网络视听产业专项资金申报指南》《张江国家数字出版基地建设专项资金管理办法（试行）》《张江国家数字出版基地建设专项资金原创项目扶持实施细则（试行）》。

技术发展方面的政策主要有：《上海市高新技术企业认定管理实施办法》《上海市促进高新技术成果转化的若干规定》《上海推进文化和科技融合发展行动计划（2012—2015）》《上海市2014年度"科技创新行动计划"高新技术领域项目指南》。

金融服务方面的政策主要有：《上海市金融支持文化产业发展繁荣的实施意见》《上海市关于深入推进文化与金融合作的实施意见》《上海市服务发

展引导资金使用管理办法》《上海市促进中小企业发展条例》《加强和改善对高新技术企业保险服务有关问题的通知》《张江国家数字出版基地建设专项资金产业化项目贷款贴息实施细则（试行）》。

人才引进与激励方面的政策主要有：《上海市引进人才申办本市常住户口试行办法》《上海市实施海外高层人才引进计划的意见》《关于进一步做好本市高新技术成果转化中人才工作的实施意见》《鼓励留学人员来上海工作和创业的若干规定》《上海市引进人才申办本市常住户口试行办法》《上海市张江高科技园区自主创新人才激励办法》《上海市张江高科技园区人才公寓管理办法》《关于促进本市数字出版产业发展的若干意见》第二十六、二十七条。

(二)政策支持面广

上海数字出版产业政策支持不仅涉及数字出版产业各细分领域，如电子书、数字报纸、数字期刊、动漫、网络游戏、网络文学、网络视听、移动出版、数字图书馆、在线教育等，还涉及各细分领域的知识产权保护，内容投送平台建设，新技术、新产品、新工艺开发，技术转让，人才引进，产品出口，银行贷款，高新技术企业扶持及重大项目申报等各方面。

(三)财政资金支持力度大

为促进数字出版产业的发展，上海市自2009年以来，在财税、金融、关键技术研发、知识产权保护、人才引进与激励、企业创业创新等方面出台了一系列政策予以扶持。其中财政专项资金支持的就有13项，分别是上海市信息化发展专项资金、上海市服务发展引导资金、上海市宣传文化专项资金、上海市促进文化创意产业发展财政扶持资金、上海市新闻出版专项资金、上海市促进创意设计产业发展财政专项资金、上海市动漫游戏产业发展扶持资金、上海市网络视听产业专项资金、上海市自主创新和高新技术产业发展重大项目专项资金、上海市软件和集成电路产业发展专项资金、上海市科技专项资金、上海市服务业发展引导资金、张江国家数字出版基地建设专项资金。如上海市信息化发展专项资金的资助标准：一般项目，每个项目的资助金额最高可达200万元，重点项目，每个项目的资助金额最高可达500万元；上海市服务发展引导资金采用贷款贴息方式支持，单个重点支持项目贴息额度最高可达400万元；单个一般支持项目贴息额度最高可达300万元；张江国家数字出版基地建设专项资金达到1.5亿（从2008年至2011年，每年投入5000万元）。

（四）政策协同性好

产业政策只有相互支持与协同才能更好地发挥作用。针对国家出台的一系列数字出版产业政策，上海市根据本市的实际情况也相应地出台了有关产业政策对国家政策予以支持。如针对国家出台的《关于加快我国数字出版产业发展的若干意见》《新闻出版业数字出版"十二五"时期发展规划》等政策，上海市人民政府办公厅、上海市新闻出版局分别印发了《关于促进本市数字出版产业发展的若干意见》《上海市数字出版"十二五"规划》等政策。同时，为保证政策执行落实到位，加快推动传统出版业数字化转型发展，上海市有关政府部门也出台了有关政策对上述政策予以支持。如上海数字出版部市合作领导小组办公室每年定期发布的《数字出版产业引导目录》、上海市科学技术委员会联合上海市新闻出版局发布的《上海市2012年度"科技创新行动计划"数字出版业领域科技项目指南》等。

上海数字出版产业政策总体上与国家政策保持一致。同时上海市新闻出版、财政、金融、文化与科技等有关部门出台的一系列数字出版产业政策也是互相配合与支持。上海数字出版产业政策在宏观层面、中观层面及微观层面都体现了良好的协同性。

（五）政策可操作性强

上海数字出版产业政策多数具有很强的指导意义和可操作性。如为促进数字出版产业的发展，北京市新闻出版广电局、上海市新闻出版广电局、广东省新闻出版广电局分别出台了《关于加快北京市数字出版产业发展的意见 北京新闻出版广电局》《关于促进上海数字出版产业发展的若干意见》《关于加快推进广东数字出版若干意见》，相比较而言，《关于促进上海数字出版产业发展的若干意见》更具有可操作性，其中包括不少细致、具体的政策。如该意见第二十六规定，被认定为高新技术企业的数字出版企业引进人才，可按照《上海市引进人才申办本市常住户口试行办法》的相关规定办理。被认定为软件企业的数字出版企业所需的各类人才，包括已加入外国籍的留学人员和外国专家，可按照有关规定享受相关优惠政策，第二十七规定，数字出版企业被认定为软件企业的，对开发具有自主知识产权的软件设计人员的奖励，经市经济信息化委报市政府批准，免征个人所得税。企业以实物形式给予软件人员的奖励部分，准予计入企业工资总额。对本市服务外包园区内从事数字出版软件开发外包业务、工作一年以上并为企业发展作出突出贡献的中高级人才，经申报和认定，在市人才发展资金中给予一定奖励。

三、广东省数字出版政策特征

广东省制定和出台的数字出版专项政策数量相对较少，但出台的数字出版相关政策数量较多，并体现出以下主要特征。

(一)重点支持知识产权发展战略

自2007年以来，广东省出台了《广东省知识产权战略纲要（2007—2020年）》《广东省知识产权战略纲要（2008—2009年）实施方案》《关于加快建设知识产权强省的决定》《关于深入实施知识产权战略推动创新驱动发展行动计划》《广东省知识产权事业发展"十三五"规划》等政策以支持和促进广东省知识产权业的发展。如《广东省知识产权战略纲要（2007—2020年）》提出，要围绕文化产业、高新技术产业、现代服务业等产业，组织行业性联合科技攻关，努力获取一批促进产业发展的共性技术和关键技术，形成一批行业自主的知识产权；要在高新区、经济开发区、产业转移园区、文化创意产业园区等建设知识产权服务平台；要建立版权资源信息库，鼓励扶持版权登记，完善版权登记体系；要扶持动漫原创作品创作，增强文化创意产业核心竞争力；要积极挖掘版权资源的价值，重点扶持一批计算机软件、信息网络、影视广告等领域的骨干版权企业，培育"版权兴业"示范基地和版权重点项目，发展版权产业链，形成版权产业群。《广东省知识产权事业发展"十三五"规划》提出，要建设"粤新媒"（广东省新媒体）内容和用户数据库及电子政务云数据中心和"广东省版权云平台"，以提升版权登记综合管理与服务水平；要加快修改《广东省专利条例》和《广东省专利奖励办法》，推动《广东省版权条例（草案）》地方立法等与国家法律、法规相衔接的地方性法规和政府规章，不断优化知识产权发展的法治环境。到2020年，每万人口作品著作权和计算机软件著作权拥有量36件以上。版权登记量年均增长10%以上，计算机软件著作权登记量年均增长25%以上。

深圳作为我国改革开放的窗口和广东省的省辖城市，也十分重视知识产权事业的发展。2009年以来，深圳市相继出台了《深圳市促进知识产权质押融资若干措施》《深圳市专利联盟管理办法》《深圳市重大科技与经济活动知识产权评议管理办法》等系列政策法规以支持知识产权事业的发展。2013年11月，我国第一个国家知识产权服务业集聚发展试验区落户深圳市福田区，知识产权已成为福田发展的核心资源。

（二）积极引导数字出版产业融合发展

产业融合已经成为全球经济增长和现代产业发展重要趋势。广东省自2013年以来，出台了《关于促进我省文化和科技融合发展的意见》《关于促进科技和金融结合的实施意见》《关于贯彻落实深入推进文化金融合作的实施意见》《广东省推进文化创意和设计服务与相关产业融合发展行动计划

（2015—2020年）》《关于加快构建现代公共文化服务体系的实施意见》《关于促进文化旅游融合发展的实施意见》《2015年加快推进三网融合工作方案》《广东省文化事业发展"十三五"规划》《广东省新闻出版广播影视版权"十三五"发展规划》等一系列政策以积极引导数字出版产业与相关产业的融合发展。如《关于促进科技和金融结合的实施意见》提出，要积极推广"三资融合"模式，即在民营科技园中大力推行土地资本、金融资本和产业资本相融合的建设模式。鼓励和支持民间及社会资本投资建设民营科技园，扶持民营科技企业发展壮大，实现土地资本、金融资本和产业资本深度融合。《广东省推进文化创意和设计服务与相关产业融合发展行动计划（2015—2020年）》明确指出：要推动传统媒体和新兴媒体在内容、渠道、平台、经营、管理等方面深度融合；要积极推进数字内容产业与新一代信息网络、高端软件与集成设计、物联网、云计算等新兴技术融合发展，并培育新的应用服务和增值服务。《2015年加快推进三网融合工作方案》提出要积极探索三网融合多种运营模式，延伸网络覆盖面，促进数字家庭、网络电视（IPTV）、手机电视、DRA网络媒体资源库等应用，带动战略性新兴产业集聚发展，培育新的经济增长点；要极推动广电、电信、互联网企业重点在网络基础设施资源共享、手机电视应用等领域开展深度合作；要积极推进物联网、云计算、大数据等新兴信息技术在三网融合试点、三网融合新业务培育等工作中的应用。《关于加快构建现代公共文化服务体系的实施意见》提出，要推进公共文化服务与科技融合发展。《广东省新闻出版广播影视版权"十三五"发展规划》在重点任务中提到，要强化阵地意识，大力推动传统媒体和新兴媒体融合发展，实施"粤新媒大融合大发展工程"。《广东省文化事业发展"十三五"》提出要推进"文化+"，出台文化与金融、科技、旅游融合发展的重要政策，推动文化企业转型升级，促进文化企业集聚化发展。

（三）大力扶持中小微企业发展

广东省高度重视小微企业发展工作，积极贯彻落实国务院的有关部署，自2003年以来出台了《关于加快民营经济发展的决定》《广东省财政扶持中小企业发展专项资金管理办法》《广东省财政扶持中小企业发展专项资金管理暂行办法》《广东省促进中小企业发展条例》《广东省支持小微企业稳定发展的若干政策措施》《广东省中小微企业综合服务体系建设实施意见》《关于进一步扶持中小微企业发展和民营企业做大做强的意见》《关于促进小微企业上规模的指导意见》《关于小型微利企业享受所得税优惠政策的通告》《广东省中小微企业成长"十三五"规划》等10项专门支持小微企业发展的政策。如《关于加快民营经济发展的决定》规定,从2003年起连续5年,省财政每年安排扶持中小企业专项资金2亿元,重点用于支持民营企业技术创新、中小企业信用担保体系建设、中小企业服务体系建设、国家中小企业发展基金和科技型中小企业技术创新基金的配套等;《广东省支持小微企业稳定发展的若干政策措施》中有50项政策措施支持小微企业发展,特别是加大了对小微企业的财政支持力度,如2013年投入5亿专项资金支持小微企业发展;《关于小型微利企业享受所得税优惠政策的通告》指出,年度应纳税所得额不超过30万元,从业人数不超过80人,资产总额不超过1000万元的非工业企业可按规定享受小型微利企业所得税优惠政策;《广东省中小微企业成长"十三五"规划》提出,力争到2020年,建设20个国家级和150个省级小型微型企业创业创新示范基地。

在政策的大力支持下,广东省中小微企业走上了健康稳定的发展道路,对增强广东省的核心竞争力起到了十分重要的作用。

从产业发展政策体系、政策支持面、政策支持力度、政策的可操作性及政策的协同性等方面看,上海数字数字出版产业政策发展水平要明显高于北京和广东。但北京和广东数字出版产业政策在支持动漫游戏产业发展、基地园区建设、数字出版人才培养、技术创新、知识产权业发展、数字出版产业融合发展及中小微企业发展等方面各有特点。

第六章　数字出版产业政策实施效果评价指标体系设计

为有效评价北上广地区数字出版产业政策对数字出版产业发展的促进作用，本书设计了如下评价指标体系。

第一节　政策对数字出版产业发展促进作用指标

数字出版产业政策对数字出版产业发展促进作用具体指标如表6-1所示。

表6-1　数字出版产业政策对数字出版产业发展促进作用指标

一级指标	二级指标
对数字出版产业发展的整体促进作用	数字出版产业整体规模
	传统出版单位数字化转型升级
	数字出版市场准入
	出版业"走出去"
	数字出版内容投送平台发展
	传统出版单位数字出版人才培训
	数字出版技术研发
	传统媒体与新兴媒体融合发展

续表

一级指标	二级指标
对数字出版细分行业发展的促进作用	网络文学
	网络音乐
	网络地图
	网络游戏
	网络动漫
	网络视频
	网络数据库
	数字阅读
	网络教育出版服务
	数字出版增值服务
政策实施保障措施	信息公开制度
	政策宣传制度
	省（市）领导高度重视
	政府绩效考核制度

第二节　政策对数字出版企业发展促进作用指标

数字出版产业政策对数字出版企业发展促进作用的评价主要考察传统出版企业、新媒体企业、网络游戏企业和网络文学企业四类企业，其评价指标如表6-2~表6-5所示。

一、传统出版企业

数字出版产业政策对传统出版企业发展促进作用指标如表6-2所示。

表6-2　数字出版产业政策对传统出版企业发展促进作用指标

一级指标	二级指标
获得数字出版产业政策支持情况	财政部文化产业专项资金支持额度
	国家出版资金支持额度
	获得财政部传统出版单位数字化转型资金（国资预算）支持额度
	所在辖区专项资金支持额度
	数字出版专项融资额度
	获金融政策支持情况：如贴息贷款、低利率融资支持、信贷倾斜、隐性金融租金补贴及投融资情况等
	获财税政策优惠情况：获得国家或省（市）财政支持、税收减免等
	获人才政策支持情况：在人才引进及培养等方面获得的政策支持
	获国家级项目扶植情况：成功申报获批的国家级数字出版项目及资金支持情况
	获省（市）级项目情况：成功申报获批的省（市）级数字出版项目及资金支持情况
	获得国家数字出版重大项目试点单位或示范单位情况：如国家数字复合出版工程示范单位、CNONIX应用试点单位获得的资金支持额度等
	获得的奖励情况：在数字出版方面因技术或产品等而获得的各种奖励及奖金额度
	企业并购及合作情况
数字出版业务发展情况	数字出版资金投入
	数字出版销售收入
	数字版权贸易获得的收入
	海外销售收入
	主要的数字出版产品类型
	数字出版从业人员数量
	数字出版收入在总收入中的占比情况

二、新媒体企业

数字出版政策对新媒体企业发展促进作用指标如表6-3所示。

表6-3 数字出版政策对新媒体企业发展促进作用指标

一级指标	二级指标
获得数字出版产业政策支持情况	财政部文化产业专项资金支持额度
	所在辖区专项资金支持额度
	数字出版专项融资额度
	获得金融政策支持情况：如贴息贷款、低利率融资支持、信贷倾斜、隐性金融租金补贴及投融资情况等
	获得财税政策优惠情况：获得国家或省（市）财政支持、税收减免等
	获得人才政策支持情况：在人才引进及培养等方面获得的政策支持
	获得国家级项目扶植情况：成功申报获批的国家级数字出版项目及资金支持情况
	获得省（市）级项目情况：成功申报获批的省（市）级数字出版项目及资金支持情况
	获得国家数字出版重大项目研发单位情况：是否是国家数字复合出版、CNONIX、数字版权保护等重大项目的研发单位及获得的资金额度
	获得的奖励情况：在数字出版方面因技术或产品等而获得的各种奖励及奖金额度
	获得当地土地及用房支持情况
数字出版业务发展情况	数字出版资金投入
	数字出版销售收入
	IP运营获得的收入
	购买IP投入的资金
	海外销售收入
	内容合作企业数量
	渠道合作企业数量
	活跃用户数
	海外用户数
	企业员工数量
	获得的数字出版技术专利注册数量

三、游戏企业

数字出版政策对游戏企业发展促进作用指标如表6-4所示。

表6-4 数字出版政策对游戏企业发展促进作用指标

一级指标	二级指标	
获得数字出版产业政策支持情况	财政部文化产业专项资金支持额度	
	所在辖区专项资金支持额度	
	数字出版专项融资额度	
	获得金融政策支持情况：如贴息贷款、低利率融资支持、信贷倾斜、隐性金融租金补贴及投融资情况等	
	获得财税政策优惠情况：获得国家或省（市）财政支持、税收减免等	
	获得人才政策支持情况：在人才引进及培养等方面获得的政策支持	
	获得国家级项目扶植情况：成功申报获批的国家级数字出版项目及资金支持情况	
	获得省（市）级项目情况：成功申报获批的省（市）级数字出版项目及资金支持情况	
	获得的奖励情况：在数字出版方面因技术或产品等而获得的各种奖励及奖金额度	
	获得当地土地及用房支持情况	
游戏业务发展情况	运营的游戏款数	移动游戏款数
		网页游戏款数
		端游款数
	开发的游戏款数	移动游戏款数
		网页游戏款数
		端游款数
	游戏总收入	
	游戏海外总收入	
	IP授权收入	
	购买IP投入的资金额度	
	游戏开发人才总量	

四、网络文学企业

数字出版政策对网络文学企业发展促进作用的指标如表6-5所示。

表6-5 数字出版政策对网络文学企业发展促进作用指标

一级指标	二级指标
获得数字出版产业政策支持情况	财政部文化产业专项资金支持额度
	所在辖区专项资金支持额度
	数字出版专项融资额度
	获得金融政策支持情况：如贴息贷款、低利率融资支持、信贷倾斜、隐性金融租金补贴及投融资情况等
	获得财税政策优惠情况：获得国家或省（市）财政支持、税收减免等
	获得人才政策支持情况：在人才引进及培养等方面获得的政策支持
	获得国家级项目扶植情况：成功申报获批的国家级数字出版项目及资金支持情况
	获得省（市）级项目情况：成功申报获批的省（市）级数字出版项目及资金支持情况
	获得的奖励情况：在数字出版方面因技术或产品等而获得的各种奖励及奖金额度
	获得当地土地及用房支持情况
数字出版业务发展情况	销售收入
	海外销售收入
	IP运营收入
	签约作者数量
	网络文学编辑数量
	网络文学作品数量
	活跃用户数
	海外用户数
	衍生品发展情况

第七章 北上广数字出版产业政策实施效果比较分析

第一节 政策实施效果分析的数据来源

本书关于数字出版政策实施效果比较分析的数据来源主要有两部分，一部分来源于新闻出版行业和互联网公开的有关产业数据，如国家新闻出版广电总局每年发布的《新闻出版产业分析报告》和官网上公布的数据、财政部和文化部官网发布的有关文化产业发展方面的数据、中国新闻出版研究院每年发布的《中国数字出版产业年度报告》和《全国国民阅读调查报告》、北上广三省（市）新闻出版广电局（上海为上海市新闻出版局和上海市文化广播影视管理局）、文化局（厅）、财政局（厅）、科学技术委员会（厅）、经济和信息化委员会及国家数字出版基地等政府部门官网上发布的产业数据及互联网有关网站发布的有关网络游戏、动漫、网络文学、数字阅读、移动出版等方面的统计分析数据。另一部分来源于企业调研和问卷调查。课题组于2016年对北京市、上海市和广东省共计30多家出版企业和新媒体企业进行了调研，走访了国家新闻出版广电总局数字出版司、上海市新闻出版局、广东省新闻出版广电局、北京市新闻出版广电局、上海市张江国家数字出版基地、广东省国家数字出版基地（天河软件园），并对北上广地区共计200多家出版企业和新媒体企业进行了问卷调查，问卷调查的目的主要是想了解国家及北上广省（市）级政府出台的数字出版产业政策对企业数字出版业务发展的促进作用。

第二节　国家数字出版政策实施效果评价

我国数字出版产业在政策引领和支持下，得到了快速发展。数字出版产业政策在推动传统出版业数字化转型升级、产业结构调整和融合发展、合理配置资源、优化产业发展整体布局及人才培养等方面发挥了十分重要的作用，政策取得了良好的实施效果。

一、产业规模不断扩大

我国数字出版产业的快速发展主要得益于国家及各省市出台的一系列产业政策。10多年来，我国数字出版产业规模逐年扩大，如表7-1及图7-1、图7-2所示，2016年我国数字出版产业的整体收入达到5720.85亿元，比2015年增长29.9%。[1]

表7-1　2006—2016年数字出版收入规模

细分行业	2006	2007	2008	2009	2010	2011	2012	2013	2014	2015	2016
互联网期刊	6	7.6	5.13	6	7.49	9.34	10.83	12.15	14.3	15.85	17.5
电子书	1.5	2	3	14	24.8	16.5	31	38	45	49	52
数字报纸	2.5	10	2.5	3.1	6	12	15.9	11.6	10.5	9.6	9
博客	6.5	9.75	—	—	10	24	40	15	33.2	11.8	45.3
在线音乐	1.2	1.52	1.3	—	2.8	3.8	18.2	43.6	52.4	55	61
手机出版	80	150	190	314	349	367	486.5	579.6	784	1055.9	1399.5
网络游戏	65.4	105	183	256.2	323	428.5	569.6	718.4	869	888.8	827.85

---

[1] 2006—2016年历年中国新闻出版研究院发布的《中国数字出版产业年度报告》。

续表

细分行业	年份										
	2006	2007	2008	2009	2010	2011	2012	2013	2014	2015	2016
网络动漫	0.1	0.25	—	—	6	3.5	10.36	22	38	44.2	155
互联网广告	49.8	75.6	170	206.1	321	512.9	753.1	1100	1540	2093.7	2902.7
在线教育	—	—	—	—	—	—	—	—	—	180	251
合计	213	362	556	799.4	1051	1377	1935	2540	3300	4403.85	5720.85

注：2015年、2016年，细分行业-手机出版改为移动出版，并增加了在线教育。

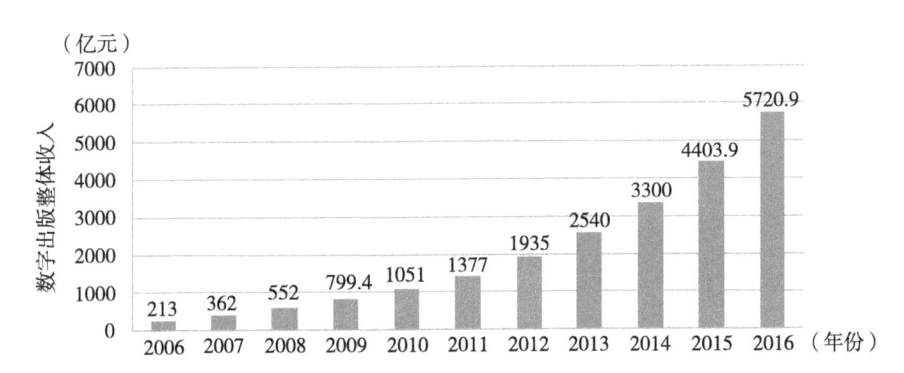

图7-1 我国数字出版产业整体收入

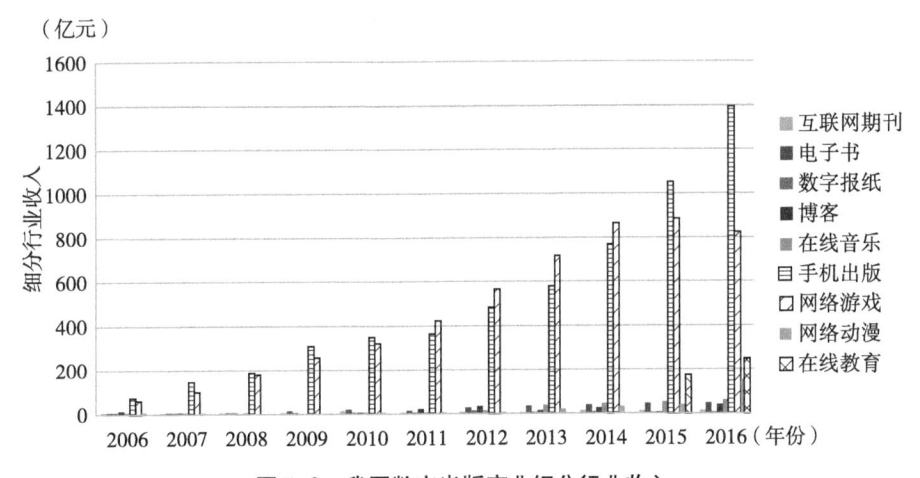

图7-2 我国数字出版产业细分行业收入

109

二、引导社会资源支持作用巨大

数字出版产业作为国家文化产业的重要组成部分，一方面得到了国家文化产业专项资金的大力支持，中央财政于2008年设立了文化产业发展专项资金，用于扶持我国文化产业发展，截至2016年年底，文化产业发展专项资金已累计安排286亿元，支持项目5100多个，有力地支持了文化产业的发展。另一方面，除政府资金支持外，文化产业还获得了社会资金的支持。其一，由于金融资本大量涌入，文化产业投资基金发展迅速，据前瞻统计数据显示，如图7-3所示，2016年文化产业基金新增241支，募集规模达264.5亿元（38.4亿美元），同比增长27%，主要投资领域集中在影视、音乐、游戏、动漫、文化传媒等。其二，出版传媒产业上市融资步伐进一步加快。目前已有时代出版、大地传媒、中国科技、皖新传媒、中南传媒、南方传媒、凤凰传媒、出版传媒、新华文轩、中国出版、读者传媒等10多家出版传媒集团正式上市。其三，文化企业跨地区、跨行业、跨所有制并购重组在提速。统计数据显示，2014年我国文化传媒公司共发生并购169起，包括影视、游戏、广告、出版、有线和卫星电视等多个行业，涉及资本约1605亿元[1]。2015年，文化传媒公司共发生并购196起，涉及资本约893.83亿元。

三、推动新闻出版业数字化转型升级成效显著

推动传统新闻出版业数字化转型升级是国家新闻出版广电总局"十二五"时期的战略任务之一。为顺利完成和深化推进该项战略任务，国家新闻出版广电总局与财政部于2014年4月24日联合下发了《关于推动新闻出版业数字化转型升级的指导意见》，于2017年3月17日联合下发了《关于深化新闻出版业数字化转型升级工作的通知》。为使政策落到实处，财政部将新闻

---

[1] 凤凰财经.文化传媒业面临"围城"现象　业内企业并购玩完善产业链[EB/OL].(2015-3-29)[2017-3-15].http://finance.ifeng.com/a/20150329/13591318_0.shtml.

出版业数字化转型升级列为文化产业专项资金支持重点，新闻出版业170家数字出版转型示范单位获得文化产业专项资金支持。华闻传媒研究院发布的《全国数字出版转型示范跟踪研究报告》表明，170家数字出版转型示范单位已基本形成了较为清晰的数字出版发展模式，且已经取得有效成果，其发展路径、经验在行业内起到了引领示范作用。传统新闻出版业数字化转型升级已全面展开，数字出版产业政策推动新闻出版业数字化转型升级取得了显著成效。

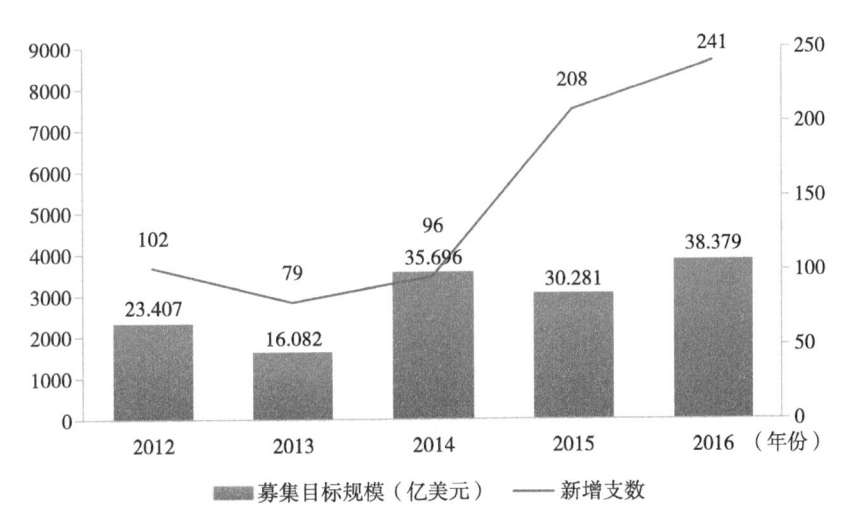

图7-3 文化产业投资基金新增支数及募集规模变化情况

四、产业布局不断优化，集聚效应日益凸显

2010年8月16日，国家新闻出版总署下发了《关于加快我国数字出版产业发展的若干意见》。该意见第一部分加快数字出版产业发展的总体目标明确提出：到"十二五"末，在全国形成10家左右各具特色、年产值超百亿的国家数字出版基地或国家数字出版产业园区，形成20家左右年主营业务收入超过10亿元的具有国际竞争力的数字出版骨干企业。第二部分加快数字出版产业发展的主要任务提出：推动数字出版产业聚集区建设。打破行政区划壁垒，在有条件的区域建设数字出版产业聚集区，形成一批核心数字出版产业集群和特

色产业基地，以吸引国内国际知名的相关企业落户，逐步形成产业集群效应。

2011年5月6日，国家新闻出版总署发布的《新闻出版业数字出版"十二五"时期发展规划》第五部分"十二五"时期数字出版业发展的战略重点明确提出：建设布局合理、类型多样的数字出版产业基地。建设8~10家功能各异、重点突出的数字出版产业基地，带动和辐射周边地区共同发展。在华东、华南、华中、华北、东北、西北、西南等具备条件的地区分别建设1~2家国家级数字出版基地，提高数字出版产业集中度；鼓励基地集中资源，突出特色，尽快做强做大一批数字出版龙头企业，发挥带动和示范作用。

在上述政策的推动下，目前我国已经批准建设国家数字出版基地14家，分别分布在华东、华南、西南、西北、华中、华北六大区域。国家数字出版基地在我国数字出版产业发展中发挥了十分重要的作用，取得了突出的成绩。一是经济规模不断壮大。据统计，2015年，14家数字出版基地实现营收1453亿元，增长29.9%，占数字出版整体营业收入的33%。二是集聚效应日益凸显。如上海张江国家数字出版基地，截至2015年年底，基地入住企业已达到553家，产值达到346亿元，产值过亿企业达到29家❶，基本形成了由原创内容生产、内容运营、底层技术提供、终端设计研发、配套支持等环节构成的生态产业链。重庆国家数字出版基地自2010年4月26日挂牌成立至今，基地集聚了256家数字出版企业，以猪八戒网为代表的龙头企业22家，从业人员达到1.7万人❷。目前，已经形成了以华龙网、大渝网、天极网为代表的互联网出版集群；以猪八戒网、享弘影视、爱奇艺等为代表的数字创意产业集群；以课堂内外杂志社、西南师范大学出版社、重庆大学出版社、迪帕数字传媒等为代表的教育数字出版产业集群；以完美世界、隆讯科技、五四科技等为代表的动漫游戏产业集群；以维普资讯、维望科技为代表的数据库出版产业集群等五大产业集群。三是创业创新能力持续提升。基地建设中，创新发展的理念深入人心，创新发展的实践蔚然成风，新产品、新技术、新业

---

❶ 韩露.上海张江国家数字出版基地工作报告[R].2006-5-12.

❷ 邹韧.做文创企业真正的靠山[N].中国新闻出版广电报，2017-6-22.

态、新商业模式等层出不穷。据统计，江西国家数字出版基地数字出版企业拥有各类知识产权960项。江苏国家数字出版基地研发的新一代双屏电子书终端为国内首创，获国内外4项技术发明专利❶。

国家数字出版基地进一步优化了我国数字出版产业的整体布局，发挥了十分重要的引领、辐射和带动作用。除上述成果外，数字出版产业政策在行业科技进步、产业融合发展、人才培养及数字出版"走出去"等方面也取得了良好的实施效果。

第三节　北上广数字出版政策实施效果评价

一、企业对国家数字出版政策实施效果的满意度评价

数字出版政策的实施效果主要体现在政策对数字出版企业的扶持和支持作用上。如图7-4所示，北上广数字出版企业对国家数字出版政策扶持和支持作用的满意度分别为65.72%、68.37%、72.29%，大多数企业享受到了政策带来的好处。

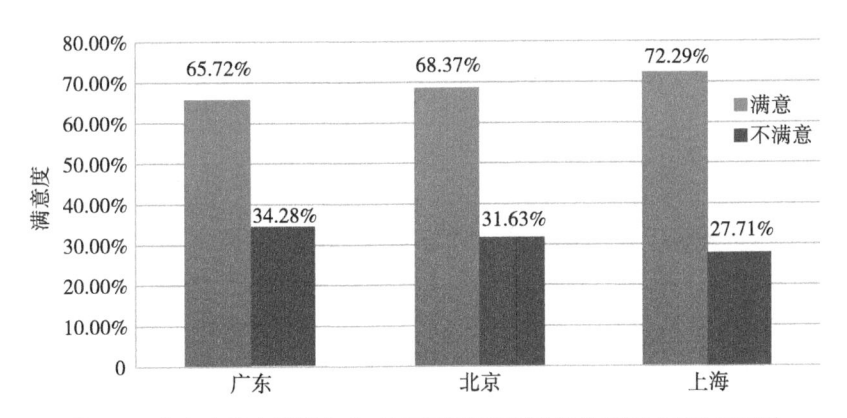

图7-4　北上广数字出版企业对国家数字出版政策扶持和支持作用评价

---

❶ 首次全国新闻出版产业基地（园区）管理工作会在京召开[EB/OL].（2017-7-5）[2017-10-23]. http://www.orz520.a/redian/2017107051811294.html?from=haosou.

二、北上广数字出版企业对本省（市）数字出版政策实施效果的满意度评价

北上广数字出版企业对本省（市）级政府出台的数字出版政策扶持和支持作用的满意度分别为70.68%、72%、80.75%，如图7-5所示。上海企业对上海市政府及有关部门出台的数字出版政策的满意度较高，主要原因是上海市出台的数字出版专项政策数量多，政策支持力度大、支持面广，配套政策和政策体系较为完善。

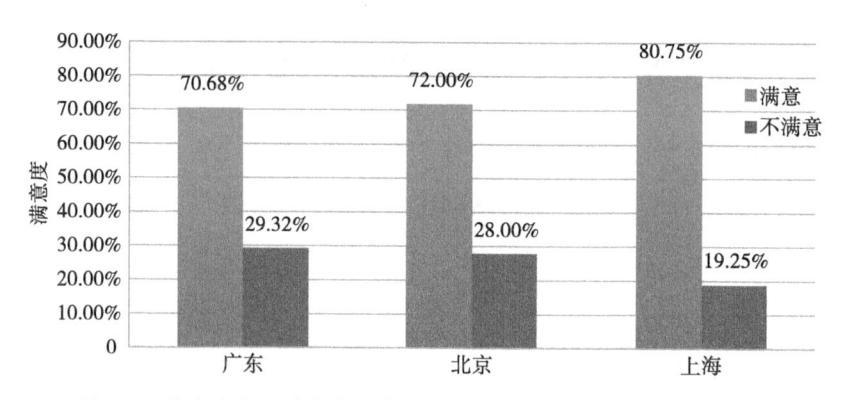

图7-5 北上广企业对本省（市）数字出版政策扶持和支持作用评价

三、数字出版政策对企业扶植和支持效果分析

从数字出版政策对企业的扶持和支持作用看，如图7-6所示，北上广数字出版政策大都取得了较好的效果，但上海数字出版政策对企业的扶持和支持效果比北京和广东要略好些。

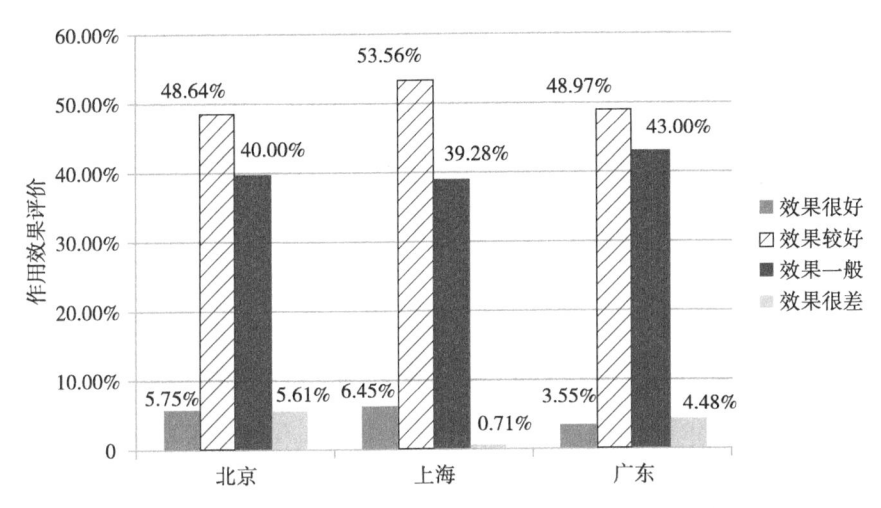

图 7-6 北上广企业数字出版政策对企业的扶持和支持效果

四、数字出版政策对企业数字化转型升级促进效果分析

从数字出版政策对传统出版企业数字化转型升级的促进作用来看,如图 7-7 所示,广东数字出版政策的效果相比北京和上海要略好些。

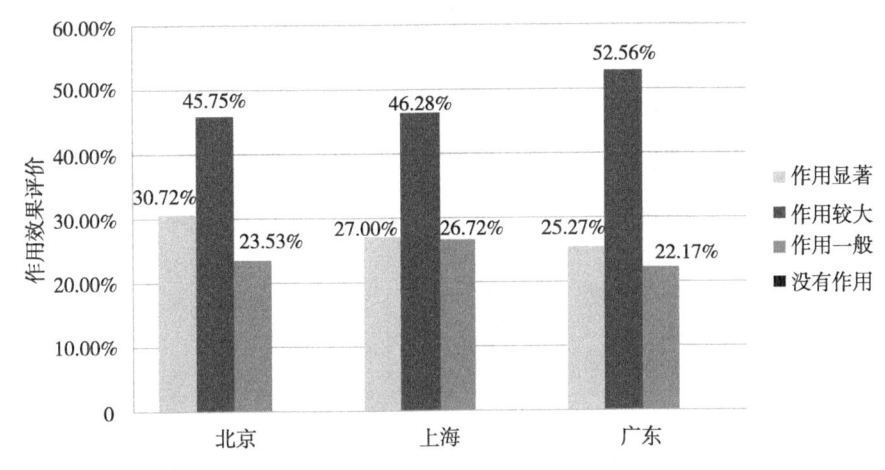

图 7-7 数字出版政策对传统出版企业数字化转型升级的促进效果

五、数字出版政策对企业人才队伍建设促进效果分析

从数字出版政策对企业数字出版人才队伍建设的促进作用来看,如图7-8所示,北京数字出版政策对企业数字出版人才队伍建设的促进作用要明显好于上海和广东。这主要得益于北京市近2年来对数字出版人才队伍建设工作的重视。

为加快数字出版人才队伍建设,2015年11月12日,北京市人力资源保障社会局和北京市新闻出版广电局联合下发《北京市新闻系列(数字编辑)专业技术资格评价试行办法》。北京市率先在全国开展了数字编辑专业资格评价工作,为数字出版从业人员开辟了专业技术人员职务晋升的通道。2016年北京市成功举办了高级专业技术资格评价工作,有65人通过评审并获得高级职称;成功举办了中级和初级考试工作,有3500余人报名,有2416人参加考试,近400人通过考试取得中级、初级职称,标志着北京市数字编辑专业人才队伍建设迈入一个快速提升和发展的新阶段。

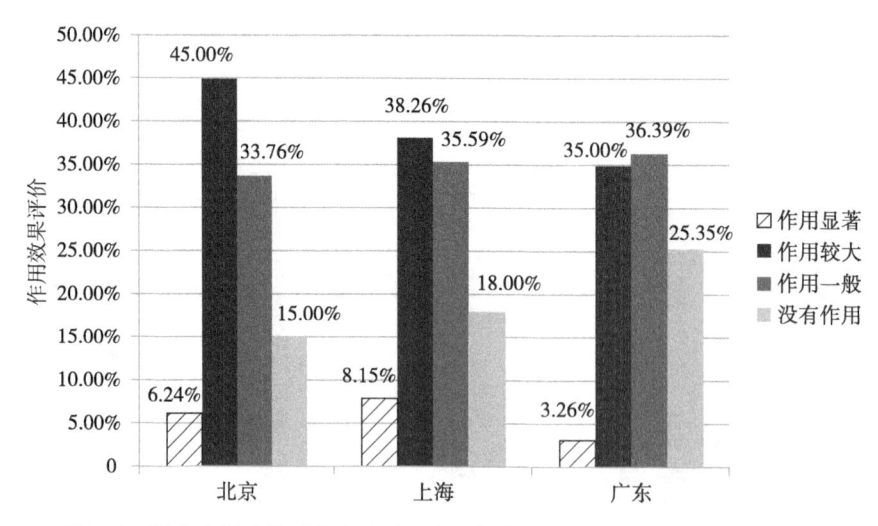

图7-8 数字出版政策对北上广地区企业数字出版人才队伍建设的促进效果

北京数字出版政策在数字出版人才队伍建设方面的促进效果，具有很好的引领和示范作用，必将推动和促进全国数字出版人才队伍的建设工作。

六、政策对传统媒体与新兴媒体融合发展促进效果分析

2014年8月18日，中央全面深化改革领导小组第四次会议审议通过了《关于推动传统媒体和新兴媒体融合发展的指导意见》。

2015年2月12日，财政部发布的《关于申报2015年度文化产业发展专项资金的通知》中，将"推动传统媒体和新兴媒体融合发展"纳入重点支持内容之一。2015年3月31日，新闻出版广电总局和财政部联合印发《关于推动传统出版和新兴出版融合发展的指导意见》。2015年7月4日，国务院下发《关于积极推进"互联网+"行动的指导意见》，"互联网+"成为媒体融合发展新引擎。

媒体融合、跨界融合已成为媒体行业发展的重要趋势和方向。

从调查情况及看，如图7-9所示，北京和广东数字出版企业认为数字出版政策对媒体融合发展具有较大促进作用的分别占53%和52%，而上海只有42%。

从人民网研究院2016年12月15日发布的《2016中国媒体融合传播指数报告》（只针对报纸、杂志、电视、广播四种媒体，不含图书）来看，如图7-10所示，北京电视台和广东电视台融合传播指数得分分别为72.74和72.08，略高于上海电视台。北京、广东、上海在百强榜单中分别位列第六、第八、第十位。如图7-11所示，在报纸融合传播力百强中，北京25家，位列第一位，广东12家，位列第二位，上海4家，位列第五位。如图7-12所示，北上广在杂志融合传播力百强榜单中，北京53家，位列第一位，广东10家，位列第二位，上海7家，位列第三位。[1]

从报纸、杂志、电视三种媒体的融合传播指数看，北上广媒体融合发展水平在全国处于领先地位，但北京和广东又明显要好于上海。

---

[1] 人民网研究院：《2016中国媒体融合传播指数报告》，2016年12月15日。

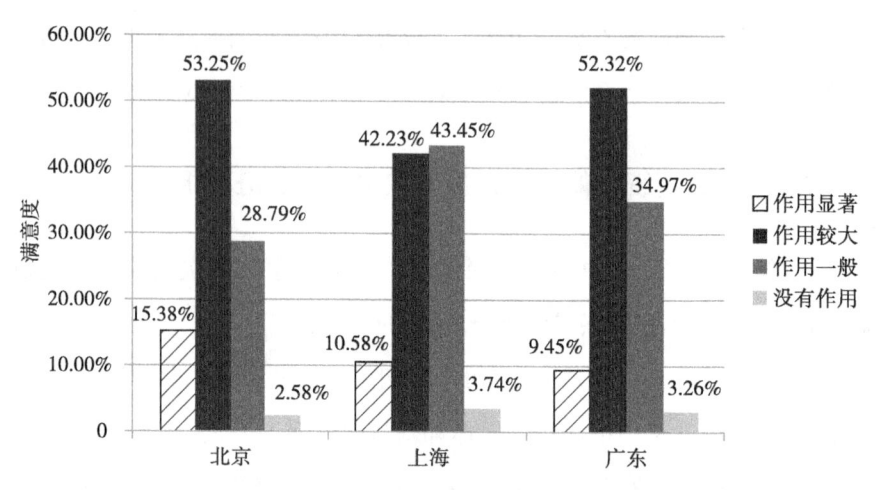

图7-9 数字出版政策对北上广传统媒体与新兴媒体融合发展的促进效果

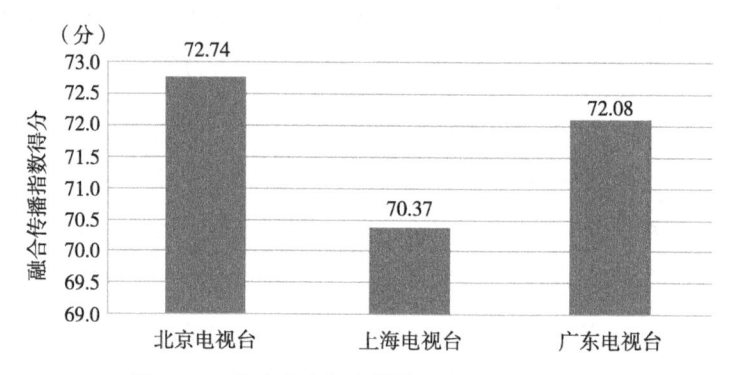

图7-10 北上广电视台媒体融合传播指数得分

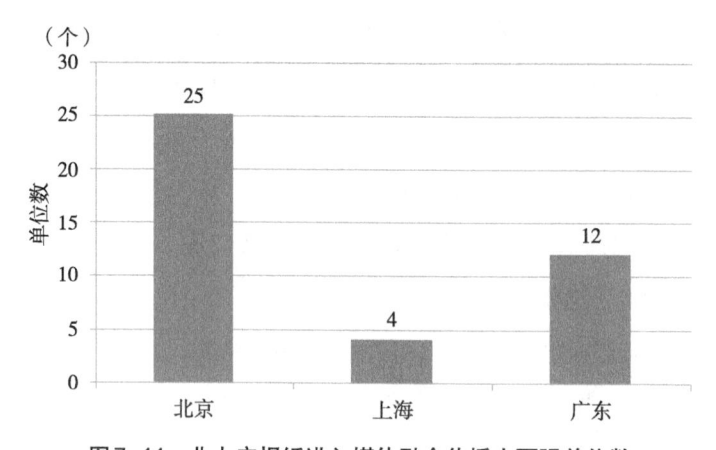

图7-11 北上广报纸进入媒体融合传播力百强单位数

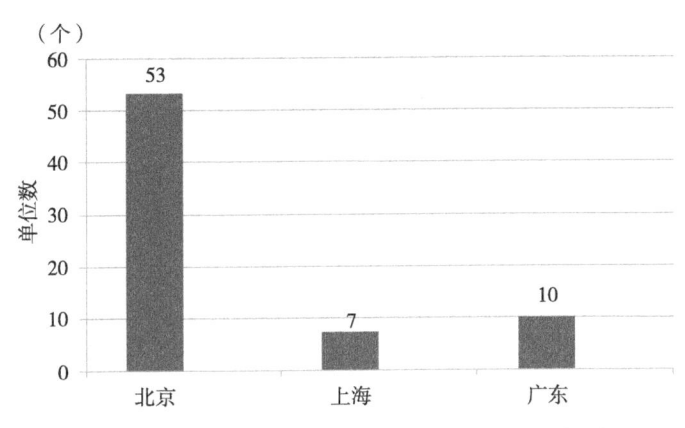

第七章 北上广数字出版产业政策实施效果比较分析

图7-12 北上广杂志进入媒体融合传播力百强单位数

广东媒体融合发展取得的成绩主要得益于政策的支持，在国家媒体融合发展政策的引领和推动下，广东立足媒体大省和金融大省的优势，创新构建媒体融资平台，吸引社会优质资源和生产要素进入媒体领域，支持媒体融合发展。2016年以来，广东先后成立了广东南方媒体融合发展投资基金、广东省新媒体产业基金、全媒体文化产业基金三个100亿元量级的媒体产业基金和一个规模50亿元的珠影越秀影视文化产业发展投资基金，还成功与浦发银行签署了500亿元投融资额度的"文化+金融"战略合作协议。社会资本和金融资本为广东媒体融合发展注入了新动能，使广东媒体融合发展表现出了强劲的势头。

北京媒体融合发展在全国处于领先地位，主要依赖于其基础和资源优势。北京作为全国文化中心，汇集了全国40%左右的出版社，20%左右的期刊社，10%左右的报社。一批中央级媒体企业在转型升级和融合发展上获得了中央财政支持。如图7-13所示，在国家公布的170家数字化转型升级示范单位中，北京有51家，要远远高于上海和广东。如图7-14所示，在2014年和2015年文化产业发展专项资金支持项目中，北京有203项和102项，要远远多于上海和广东。

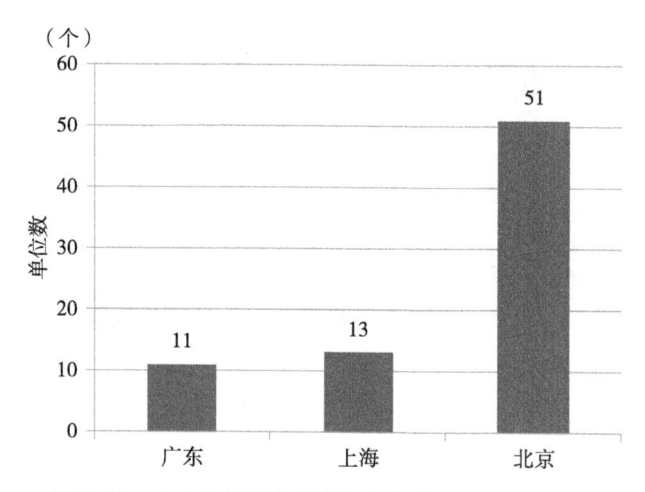

图7-13 北上广地区全国数字出版转型示范单位数量

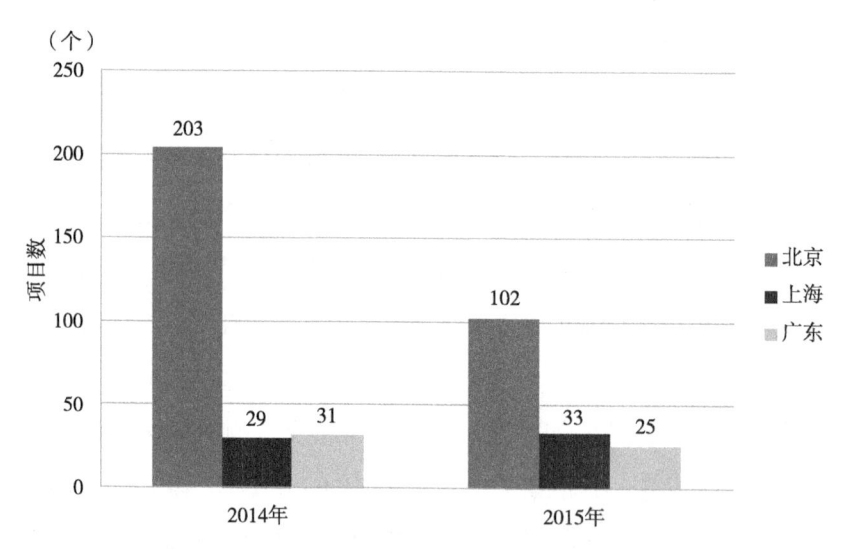

图7-14 2014年、2015年北上广获得文化产业发展专项资金支持项目数

国家数字出版政策对北上广媒体融合发展起了积极的引领和巨大的推动作用，政策取得了较好的实施效果，但广东表现更为明显。

第八章　我国数字出版产业政策存在的问题及发展建议

第一节　我国数字出版产业政策存在的问题

一、数字出版产业政策体系不完善

从国家及北上广数字出版发达地区制定和颁布的数字出版专项和相关政策来看，我国数字出版产业政策体系不完善，数字出版产业分类统计、市场监管、数字出版人才职业资格认定及晋升、数字出版产业技术标准等方面还存在政策空白。

二、部分地区数字出版配套政策及相关配套资源不给力

西部、东北及边疆民族等地区由于受经济环境、技术及人才等诸多因素的影响，对国家制定的有关产业组织、产业结构与产业技术布局等规划性、指导性和战略性政策给予配套政策和配套资源支持的力度不够，致使国家许多政策在当地不能很好地落地和实施。

三、区域政策发展水平差距较大

北京、上海和广东地区数字出版政策发展水平明显高于其他地区，江苏、浙江、重庆、湖南、湖北等地区次之，而西部、东北及边疆民族地区的

发展水平较低。

增强政策统筹性，提高政策的可操作性和协同性，填补政策空白，细化完善配套政策，促进政策落地等是数字出版产业政策体系建设需要解决的关键问题。

四、边疆民族地区政策支持力度不够

加快数字出版产业的发展对于边疆民族地区的稳定和舆论引导具有重大战略意义。目前针对边疆民族地区数字出版产业的发展及少数民族语言新媒体从业人员培训和队伍建设工作几乎还是空白，需要加大政策扶植力度，争取给予更多的项目和资金支持，以推动边疆少数民族地区数字出版产业的发展和人才队伍建设。

第二节　我国数字出版产业政策发展建议

一、构建完整的数字出版产业政策体系

我国数字出版产业政策发展历程短，政策体系还很不完整，国家及各级地方政府要从产业布局、规范与引导、财税与金融扶持、创业创新扶持、市场监管、技术标准、人才培养及产业分类统计等各个方面加强和完善数字出版产业政策建设，形成系统的、配套和协同的数字出版产业政策体系，为我国数字出版产业的可持续发展提供良好的政策环境。

二、加快制定数字出版产业分类统计政策

从国家及北上广地区数字出版产业政策体系看，目前我国数字出版产业还没有制定相关的统计政策，产业统计范围与统计对象不明确，产业统计方法不合理、不科学，这已经成为数字出版产业管理中最为突出的问题。

随着数字出版产业的快速发展及产业规模的不断扩大，国家及各级地方政府和业界对加强数字出版产业统计工作的呼声越来越高。明确数字出版产业统计范围和统计对象、建立统计法规、统计制度和统计指标体系等是数字出版统计工作亟待解决的一些问题。

构建科学、合理的数字出版产业统计体系，全面、准确地反映我国数字出版产业发展情况，对国家有关部门及时把握数字出版产业发展态势和科学决策具有十分重要的意义。

三、完善数字出版产业人才培养政策

数字出版人才培养政策包括人才引进、人才队伍建设、人才职业资格认定及晋升等各个方面。目前，国家及各级地方政府在数字出版人才引进及队伍建设方面制定了许多优惠政策和激励机制，但除北京外，全国其他各省（市）在数字出版人才职业资格及晋升方面还没有出台相关的政策，致使数字出版人才在企业缺乏应有的地位和发展空间，缺少晋升机会，从而大大挫伤了数字出版人才的积极性，不利于数字出版产业的健康发展。

四、健全数字出版产业技术政策

数字出版产业技术政策包括数字出版技术研发、技术引进、技术创新、技术转让及技术标准的制定与实施等诸多方面。数字出版技术标准的建立和实施一直是数字出版产业发展的短板，国家需要进一步健全数字出版产业技术政策，加快制定和颁布数字出版各项技术标准及配套实施的相关政策。建立公平、开放的数字出版标准体系及相关政策是保障数字出版产业快速发展的关键。

五、加强市场结构控制与监管政策建设

在市场结构控制政策上，政府应支持数字出版龙头企业做大做强，提高

产业集中度，发挥规模经济效益。通过并购、上市等方式，引导大型出版集团做大做强，成为市场上更加灵活的战略投资者。在实现市场规模化效益上，还应继续推动我国数字出版基地建设，促进基地集群效应。要扶持数字出版中小企业发展，降低行业进入壁垒，支持民营企业平等的参与数字出版经营活动。在市场监管方面，在互联网教育、互联网医疗等关乎广大青少年健康成长和人们身心健康的互联网应用方面，要建立严格的市场的准入和退出机制，做到企业资质准入、从业人员职业资格准入和产品资质准入，对检查不合格的企业及产品，或不具备相应从业资格的人员要限制其整改或退出互联网教育与互联网医疗市场，为互联网教育、互联网医疗等与人们生活息息相关的互联网应用提供良好的生态环境。

六、为西部及边疆民族地区提供更多的倾向性政策

目前，我国各地区数字出版产业及数字出版政策的发展水平差距较大，特别是西部及边疆民族地区比较落后。为统筹和协调各地区数字出版产业的发展，国家应为西部及边疆民族地区提供更多的倾向性政策，保护少数民族优秀文化资源，完善偏远地区的数字出版基础设施建设，缩小地区间数字出版产业发展的差异。

附录 A 国家主要数字出版产业政策

表 A-1 国家数字出版专项政策

序号	发文单位	文件名称	发布时间
1	国家新闻出版总署	电子出版物管理规定	1997年12月30日
2	国家新闻出版总署	关于在游戏出版物中登载《健康游戏忠告》的通知	2003年8月27日
3	国家新闻出版总署、信息产业部	关于开展对"私服""外挂"专项治理的通知	2003年12月18日
4	国家新闻出版总署	关于落实国务院归口审批电子和互联网游戏出版物决定的通知	2004年7月27日
5	国家新闻出版总署	关于禁止利用网络游戏从事赌博活动的通知	2005年1月12日
6	国家测绘局、国家新闻出版总署	关于加强网上地图管理的通知	2005年5月23日
7	国务院办公厅	关于推动我国动漫产业发展若干意见的通知	2006年4月25日
8	文化部	关于网络音乐发展和管理的若干意见（文市发〔2006〕31号）	2006年9月19日
9	国家新闻出版总署	关于规范网络游戏经营秩序查禁利用网络游戏赌博的通知	2007年3月10日
10	国家新闻出版总署	关于保护未成年人身心健康实施网络游戏防沉迷系统的通知	2007年5月20日
11	国家测绘局、国家新闻出版总署	关于加强互联网地图和地理信息服务网站监管的意见	2008年2月25日
12	国家新闻出版总署	电子出版物出版管理规定	2008年2月21日
13	国家新闻出版总署	新闻出版总署关于转发《关于加强互联网地图和地理信息服务网站监管政策的意见》的通知	2008年4月15日
14	国家新闻出版总署	关于加强对进口网络游戏审批管理的通知	2009年7月1日
15	财政部、国家税务总局	关于扶持动漫产业发展有关税收政策问题的通知	2009年7月17日

续表

序号	发文单位	文件名称	发布时间
16	文化部	网络游戏管理暂行办法	2010年8月1日
17	国家新闻出版总署	关于加快我国数字出版产业发展的若干意见	2010年8月16日
18	国家新闻出版总署	关于发展电子书产业的意见	2010年10月9日
19	国家新闻出版总署	数字出版"十二五"时期发展规划	2011年5月6日
20	国家新闻出版总署	关于启动网络游戏防沉迷实名验证工作的通知	2011年7月1日
21	财政部、国家税务总局	关于扶持动漫产业发展增值税营业税政策的通知	2011年12月27日
22	文化部	关于做好2013年动漫企业认定有关工作的通知	2013年2月28日
23	国家新闻出版广电总局	关于加强数字出版内容投送平台建设和管理的指导意见	2013年12月30日
24	国家新闻出版广电总局	关于进一步规范出版境外著作权人授权互联网游戏作品和电子游戏出版物申报材料的通知	2014年4月18日
25	国家新闻出版广电总局、财政部	关于推动新闻出版业数字化转型升级的指导意见	2014年4月20日
26	国家新闻出版广电总局	关于深入开展网络游戏防沉迷实名验证工作的通知	2014年7月15日
27	国家新闻出版广电总局	关于推动网络文学健康发展的指导意见	2014年12月18日
28	国家新闻出版广电总局	关于开展专业数字内容资源知识服务模式试点工作的通知	2015年3月23日
29	国家新闻出版广电总局	关于移动游戏出版服务管理的通知（新广出办发〔2016〕44号）	2016年6月2日
30	国家新闻出版广电总局、财政部	关于深化新闻出版业数字化转型升级工作的通知	2017年3月17日
31	国家新闻出版广电总局	关于印发《网络文学出版服务单位社会效益评估试行办法》的通知	2017年6月27日
32	国家新闻出版广电总局	关于开展2017年优秀网络文学原创作品推介活动的通知（新广出办发〔2017〕46号）	2017年7月5日
33	国家新闻出版广电总局	关于开展"数字出版千人培养计划"试点培训工作的通知（新广出办函〔2017〕212号）	2017年9月8日

附录 A 国家主要数字出版产业政策

表 A-2 国家数字出版相关政策

序号	发文单位	文件名称	发布时间
1	国务院	互联网信息服务管理办法（国务院令第292号）	2000年9月25日
2	最高人民法院	关于审理涉及计算机网络著作权纠纷案件适用法律若干问题的解释（法释〔2000〕48号）	2000年12月19日
3	国务院	中华人民共和国著作权法（修正）（中华人民共和国主席令第58号）	2001年10月27日
4	国务院	出版管理条例（国务院令第343号）	2001年12月12日
5	国家新闻出版总署、信息产业部	互联网出版管理暂行规定（新闻出版总署、信息产业部令〔2002〕第17号）	2002年6月27日
6	国家版权局、信息产业部	互联网著作权行政保护办法	2005年4月29日
7	国务院办公厅	信息网络传播权保护条例（2006）	2006年5月18日
8	国家广播电影电视总局	互联网视听节目服务管理规定	2007年12月20日
9	国家新闻出版总署	电子出版物出版管理规定	2008年4月15日
10	国家新闻出版总署	关于认定新闻出版行业高新技术企业有关问题的通知	2008年12月31日
11	财政部、国家税务总局	关于文化体制改革中经营性文化事业单位转制为企业的若干税收优惠政策的通知	2009年3月26日
12	财政部、国家税务总局	关于支持文化企业发展若干税收政策问题的通知（财税〔2009〕31号）	2009年3月27日
13	商务部、文化部	关于金融支持文化出口的指导意见（商服贸发〔2009〕191号）	2009年4月27日
14	国务院办公厅	文化产业振兴规划	2009年7月22日
15	国务院办公厅	互联网信息服务管理办法（国务院令〔2000〕第292号）	2009年9月25日
16	国家新闻出版总署	关于进一步推动新闻出版产业发展的指导意见	2010年1月1日
17	国家广播电影电视总局	互联网视听节目服务业务分类目录（试行）	2010年3月17日
18	财政部、中国人民银行	关于金融支持文化产业振兴和发展繁荣的指导意见（银发〔2010〕94号）	2010年3月19日
19	财政部	文化产业发展专项资金管理暂行办法（财教〔2010〕81号）	2010年4月23日

续表

序号	发文单位	文件名称	发布时间
20	文化部	互联网文化管理暂行规定	2011年3月21日
21	国家新闻出版总署	新闻出版业"十二五"时期发展规划	2011年4月20日
22	国家新闻出版总署	新闻出版业科技"十二五"时期发展规划	2011年5月23日
23	财政部、国家税务总局	关于扶持动漫产业发展增值税营业税政策问题的通知（财税〔2011〕119号）	2011年12月27日
24	国家新闻出版总署	关于加快出版传媒集团改革发展的指导意见（新出政发〔2012〕3号）	2012年2月27日
25	财政部	文化产业发展专项资金管理暂行办法（财文资〔2012〕4号）	2012年4月28日
26	科技部、中宣部	关于印发《国家文化科技创新工程纲要》的通知	2012年6月27日
27	文化部	关于鼓励和引导民间资本进入文化领域的实施意见（文产发〔2012〕17号）	2012年6月28日
28	文化部	"十二五"时期国家动漫产业发展规划（动漫办发〔2012〕1号）	2012年7月12日
29	第十一届全国人民代表大会	全国人民代表大会常务委员会关于加强网络信息保护的决定	2012年12月28日
30	国务院办公厅	信息网络传播权保护条例（国务院令〔2013〕第634号）	2013年1月30日
31	国务院办公厅	计算机软件保护条例（2013年修改）	2013年1月30日
33	国家新闻出版广电总局	新闻出版行业标准化管理办法（国家新闻出版广电总局令1号）	2013年12月27日
34	国务院	关于推进文化创意和设计服务与相关产业融合发展的若干意见（国发〔2014〕10号）	2014年3月14日
37	国务院	关于加快发展对外文化贸易的意见（国发〔2014〕13号）	2014年3月3日
38	文化部、中国人民银行	关于深入推进文化金融合作的意见（文产发〔2014〕14号）	2014年3月25日
39	国家互联网信息办公室	即时通信工具公众信息服务发展管理暂行规定	2014年8月7日
40	中央全面深化改革领导小组	关于推动传统媒体与新兴媒体融合发展的指导意见	2014年8月18日
41	国家新闻出版广电总局	国家新闻出版产业基地（园区）管理办法（新广出办发〔2014〕107号）	2014年10月8日

续表

序号	发文单位	文件名称	发布时间
42	中共中央、国务院	关于深化体制机制改革加快实施创新驱动发展战略的若干意见	2015年3月13日
43	国家新闻出版广电总局、财政部	关于推动传统出版和新兴出版融合发展的指导意见	2015年3月31日
44	国务院	关于大力推进大众创业万众创新若干政策措施的意见	2015年6月11日
45	国务院办公厅	关于推动国有文化企业把社会效益放在首位、实现社会效益和经济效益相统一的指导意见	2015年9月14日
46	国家互联网信息办公室	移动互联网应用程序信息服务管理规定	2016年6月28日
47	国家互联网信息办公室	关于加强国家网络安全标准化工作的若干意见	2016年8月22日
48	国家互联网信息办公室	互联网直播服务管理规定	2016年11月4日
49	全国人民代表大会常务委员会	中华人民共和国网络安全法（中华人民共和国主席令第53号）	2016年11月7日
50	文化部	文化部"一带一路"文化发展行动计划（2016—2020年）（文外发〔2016〕40号）	2016年12月28日
51	国家版权局	关于印发《版权工作"十三五"规划》的通知（国版函〔2017〕5号）	2017年1月25日
52	文化部	文化部"十三五"时期文化发展改革规划	2017年2月23日
53	国家新闻出版广电总局	关于调整《互联网视听节目服务业务分类目录（试行）》的通告（〔2017〕1号）	2017年3月10日
54	文化部	文化部"十三五"时期文化产业发展规划	2017年4月20日
55	财政部	关于申报2017年度文化产业发展专项资金的通知（财办文〔2017〕25号）	2017年4月21日
56	文化部	文化部"十三五"时期文化科技创新规划	2017年4月26日
57	国家互联网信息办公室	互联网新闻信息服务管理规定	2017年5月2日
58	国家互联网信息办公室	互联网信息内容管理行政执法程序规定	2017年5月2日
59	国家互联网信息办公室	互联网信息内容管理行政执法程序规定	2017年5月22日
60	国家互联网信息办公室	互联网新闻信息服务许可管理实施细则	2017年5月22日

续表

序号	发文单位	文件名称	发布时间
61	文化部	文化部"十三五"时期公共数字文化建设规划（文公共发〔2017〕18号）	2017年7月7日
62	国务院	关于强化实施创新驱动发展战略进一步推进大众创业万众创新深入发展的意见	2017年7月27日
63	国家新闻出版广电总局	关于公布《"十三五"国家重点图书、音像、电子出版物出版规划》调整情况的通知	2017年8月9日
64	国家互联网信息办公室	互联网论坛社区服务管理规定	2017年8月25日
65	国家互联网信息办公室	互联网跟帖评论服务管理规定	2017年8月25日
66	国家新闻出版广电总局	关于规范报刊单位及其所办新媒体采编管理的通知	2017年8月29日
67	国家互联网信息办公室	互联网群组信息服务管理规定	2017年9月7日
68	国家互联网信息办公室	互联网用户公众账号信息服务管理规定	2017年9月7日

附录B 北上广三地主要数字出版产业政策

表B-1 北京市数字出版专项政策

序号	发文单位	文件名称	发布时间
1	北京市文化创意产业领导小组办公室	北京市关于支持影视动画产业发展的实施办法（试行）（〔2009〕4号）	2009年6月26日
2	北京市文化局、北京市财政局	北京市动漫企业认定管理工作实施方案	2009年10月19日
3	北京市政府	北京市关于支持中国动漫游戏城发展的实施办法（试行）	2009年10月19日
4	北京市文化创意产业领导小组办公室	北京市关于支持网络游戏产业发展的实施办法（试行）京文创办发〔2009〕5号	2009年11月6日
5	北京市财政局、北京市新闻出版局	北京市音像电子网络出版物奖励扶持专项资金管理办法	2014年1月3日
6	北京市新闻出版局	关于加快北京市数字出版产业发展的意见	2014年9月18日
7	北京人力资源和社会保障局、北京市新闻出版广电局	北京市新闻系列（数字编辑）专业技术资格评价试行办法	2015年11月12日

表B-2 上海市数字出版专项政策

序号	发文单位	文件名称	发布时间
1	上海数字出版部市合作领导小组办公室	上海数字出版业发展引导目录（2009版）	2009年2月27日
2	上海市科学技术委员会、上海市新闻出版局	2010年度上海数字出版项目扶持资金申请指南	2010年5月8日
3	上海市人民政府办公厅	关于促进本市数字出版产业发展的若干意见	2011年3月25日

续表

序号	发文单位	文件名称	发布时间
4	上海数字出版部市合作领导小组办公室	上海数字出版业发展引导目录（2011版）	2011年7月8日
5	上海市新闻出版局	关于2011年上海市数字出版高新技术产业化项目申报的通知	2011年8月26日
6	上海市新闻出版局	关于申报2011年上海市数字出版项目（科委）的通知	2011年8月26日
7	上海市新闻出版局	上海市数字出版"十二五"规划	2012年4月25日
8	上海市文化广播影视管理局	上海动漫游戏产业发展扶持奖励办法（2012年版）	2012年7月26日
9	上海市文化广播影视管理局	上海动漫游戏产业发展扶持奖励资金申请指南（2012版）	2012年7月26日
10	上海市科学技术委员会、上海市新闻出版局	上海市2012年度"科技创新行动计划"信息技术领域数字出版项目指南	2012年2月29日
11	上海市文化广播影视管理局	上海市动漫游戏产业发展扶持资金管理办法（2014年版）	2014年4月25日
12	上海市文化广播影视管理局	上海市网络视听产业专项资金申报指南（2014年版）	2014年4月22日
13	上海市文化广播影视管理局	上海市网络视听产业专项资金管理办法（2014年版）	2014年4月22日
14	上海市文化广播影视管理局	2015年上海动漫游戏产业发展扶持奖励专项资金	2015年2月25日
15	上海市动漫行业协会	上海市动漫游戏产业发展扶持资金申报指南（2017年版）	2017年2月29日

表 B-3　广东省数字出版专项政策

序号	发文单位	文件名称	发布时间
1	广东省委宣传部、广东省新闻出版局、省信息产业厅	关于加快推进广东数字出版若干意见	2008年8月22日

续表

序号	发文单位	文件名称	发布时间
2	广东省文化厅	广东省游戏游艺设备内容审核标准（试行）	2016年11月6日
3	广东省新闻出版广电局	广东省数字出版"十三五"发展规划（粤新广财〔2017〕49号）	2017年8月8日
4	深圳市人民政府	关于扶持深圳市动漫游戏产业发展的若干意见（深府〔2008〕159号）	2008年7月14日

表B-4 北京市数字出版产业相关政策

序号	发文单位	文件名称	适用条款	发布时间
1	中共北京市委宣传部、北京市发展和改革委员会	北京市文化创意产业投资指导目录	第一条	2006年8月10日
2	北京市人民政府	北京市国民经济和社会发展第十一个五年规划纲要	第三、五、六部分	2006年1月20日
3	中共北京市委宣传部、北京市发展和改革委员会	北京市促进文化创意产业发展的若干政策	第一、二、七条	2006年11月7日
4	北京市文化创意产业领导小组办公室	北京文化创意产业集聚区认定和管理办法（试行）	第二、三、四、五章	2006年12月20日
5	北京市文化局	北京市"十一五"时期文化创意产业发展规划	第三条	2007年5月27日
6	北京市文化创意产业领导小组办公室	北京市文化创意产业分类标准	第二条	2007年6月26日
7	北京市人民政府办公厅	北京市"十一五"时期文化创意产业发展规划	第二、三条	2007年9月12日
8	北京市新闻出版局	北京市出版（版权）业"十一五"时期发展规划	第四条第2、3小条	2007年10月19日
9	北京市文化创意产业领导小组办公室	北京市文化创意产业发展贷款贴息管理办法（试行）	第三、四、五章	2008年4月15日
10	北京市文化创意产业领导小组办公室	北京市文化创意产业贷款贴息管理办法	第三章第八条	2008年7月4日
11	北京市文化创意产业领导小组办公室	北京市文化创意产业担保资金管理办法（试行）	第二、三、四、五章	2009年3月1日

续表

序号	发文单位	文件名称	适用条款	发布时间
12	北京市文化创意产业领导小组办公室	北京市关于支持影视动画产业发展的实施办法（试行）	第四、五、六、七条	2009年6月26日
13	中国银行业监督管理委员会	关于金融支持首都文化创意产业发展的指导意见	第（二）、（五）条	2009年7月3日
14	北京市人民政府	北京市国民经济和社会发展第十二个五年规划纲要	第二篇	2011年1月25日
15	北京市新闻出版局	北京市"十二五"时期新闻出版业发展规划	第三、四条	2011年8月1日
16	北京市经济和信息化委员会	北京市软件和信息服务业"十二五"发展规划	第四、五条	2011年8月6日
17	北京市财政局	北京市文化创新发展专项资金管理办法（试行）	第一、二、三章	2012年7月16日
18	北京市人民政府	北京市文化创意产业提升规划（2014—2020年）	第三、四条	2014年5月26日
19	北京市人民政府	北京市文化创意产业功能区建设发展规划（2014—2020年）	第三、四条	2014年5月26日
20	北京市人民政府	北京技术创新行动计划（2014-2017年）	专项十二	2014年4月14日
21	北京市新闻出版广电局	京津冀新闻出版广播影视协同创新战略框架协议	第三、四条	2014年9月1日
22	北京市人民政府	北京市推进文化创意和设计服务与相关产业融合发展行动计划（2015—2020年（京政发〔2015〕20号）	第二、三条	2015年4月7日
23	北京市国有文化资产监督管理办公室	北京市文化创意产业发展专项资金项目奖励实施细则	第三、四、五条	2016年1月29日
24	北京市国有文化资产监督管理办公室	北京市文化创意产业发展专项资金项目补助实施细则（试行）	第二、三、四条	2016年1月29日
25	北京市人民政府办公厅	北京市国民经济和社会发展第十三个五年规划纲要	第五、六篇	2016年3月28日
26	北京市人民政府	北京市文化创意产业发展指导目录（2016年版）	第三、四、五条	2016年5月12日
27	北京市人民政府办公厅	北京市"十三五"时期加强全国文化中心建设规划	第二、三条	2016年6月3日

续表

序号	发文单位	文件名称	适用条款	发布时间
28	中共北京市委宣传部	北京市"十三五"时期文化创意产业发展规划	第三、四、五条	2016年7月5日
29	北京市发展和改革委员会	北京市"十三五"时期高技术产业发展规划	第三条	2016年11月15日
30	北京市新闻出版广电局	北京市"十三五"时期新闻出版业发展规划	第二、三条	2016年12月28日
31	北京市新闻出版广电局	北京市广播影视"十三五"发展规划	第三条	2017年7月25日

表B-5 上海市数字出版产业相关政策

序号	发文单位	文件名称	适用条款	发布时间
1	上海市新闻出版局	上海市音像制品管理条例	第二、三、四章	1997年5月28日
2	上海市新闻出版局	上海市出版物发行管理条例	第一、二、三、四章	2002年10月28日
3	上海市人民政府	上海加速发展现代服务业实施纲要	第四条	2005年1月21日
4	上海市人民政府	上海创意产业"十一五"发展规划	第三、四、五条	2006年2月17日
5	上海市人民政府办公厅	上海市国民经济和社会发展第十一个五年规划纲要	第二、三篇	2006年2月28日
6	上海市人民政府	上海市信息服务业发展三年行动计划（2006年~2008年）	第三、四、五条	2006年5月17日
7	中共上海市委、上海市人民政府	关于加快本市文化产业发展的若干意见	第三、四条	2009年6月10日
8	中共上海市委宣传部、上海市金融服务办公室等	上海市金融支持文化产业发展繁荣的实施意见	第二条	2010年7月19日
9	上海市人民政府	上海市国民经济和社会发展第十二个五年规划纲要	第四、七章	2011年1月21日
10	上海市人民政府	上海市文化创意产业发展"十二五"规划	第三、四、五、六条	2011年2月10日

续表

序号	发文单位	文件名称	适用条款	发布时间
11	上海市新闻出版局	上海市新闻出版业第十二个五年规划纲要	第三、四、五条	2011年3月25日
12	上海市人民政府办公厅	上海市推进智慧城市建设2011—2013年行动计划	第四项中重点专项八	2011年9月7日
13	上海市经济和信息化委员会	上海市文化创意产业发展"十二五"规划	第四条	2011年9月22日
14	上海市发展和改革委员会	上海市战略性新兴产业发展"十二五"规划	第五、六、七条	2012年1月26日
15	上海市发展和改革委员会	上海市服务业发展"十二五"规划	第二、三、四条	2012年7月19日
16	上海市人民政府	上海知识产权战略纲要（2011—2020年）（沪府发〔2012〕66号）	第二、三、四条	2012年7月10日
17	上中共海市科学技术委员会	2012年上海市新闻出版专项资金申报指南	第一条第（三）小条	2012年7月30日
18	上海市文化创意产业推进领导小组办公室、上海市财政局	上海市促进文化创意产业发展财政扶持资金实施办法	第二章第四条	2012年8月20日
19	中共上海市委宣传部	上海推进文化和科技融合发展行动计划（2012—2015）	第二、三、四条	2012年8月22日
20	上海市财政局	上海市促进创意设计产业发展财政专项资金实施办法（试行）	第二、三、四章	2012年11月12日
21	上海市新闻出版局	2013年上海市新闻出版专项资金申报指南	第一条第（五）小条	2013年5月31日
22	中共上海市委宣传部	上海市文教结合工作三年行动计划（2013—2015年）	第三条	2013年12月6日
23	上海市经济信息化委员会	上海市信息化发展专项资金管理办法（沪经信法〔2013〕879号）	第二、三、四章	2013年12月25日
24	上海市人民政府	上海市服务发展引导资金使用管理办法	第二、三、四条	2014年3月6日
25	上海市科学技术委员会	上海市2014年度"科技创新行动计划"高新技术领域项目指南	专题五	2014年4月9日
26	上海市新闻出版局	2014年上海市新闻出版专项资金申报指南	第一条	2014年6月14日

续表

序号	发文单位	文件名称	适用条款	发布时间
27	上海市新闻出版局	上海市出版物发行网点建设引导目录（2014版）	第五条	2014年6月18日
28	上海市文化创意产业推进领导小组办公室	2014年度上海市促进文化创意产业发展财政扶持资金申报指南	第一条	2014年7月20日
29	上海市财政局	上海市宣传文化专项资金管理暂行办法	第二、三章	2014年7月22日
30	上海市文化创意产业推进领导小组办公室	上海市促进文化创意产业发展财政扶持资金实施办法	第二、三、四章	2014年10月15日
31	上海市新闻出版局	上海市新闻出版专项资金管理办法	第二、三、四章	2014年10月31日
32	上海市人民政府	上海市人民政府关于加快发展本市对外文化贸易的实施意见	第二、三条	2014年11月7日
33	中共上海市委宣传部	上海市文化企业界定参考标准（试行）	第6、11、13、15条	2014年11月20日
34	上海市金融服务办公室	上海市关于深入推进文化与金融合作的实施意见	第二条	2014年11月24日
35	上海市经济和信息化委员会	上海市产业转型升级发展专项资金管理办法	第二、三、四章	2015年2月26日
36	上海市财政局	上海市促进创意设计产业发展财政专项资金实施办法	第二、三、四章	2015年4月28日
37	上海市人民政府	关于印发《上海市推进"互联网+"行动实施意见》的通知	第二条	2016年2月1日
38	上海市人民政府	上海市文化创意产业发展三年行动计划（2016—2018年）	第二、三条	2016年3月4日
39	上海市人民政府	上海市科技创新"十三五"规划（沪府发〔2016〕59号）	第二、三条	2016年8月5日
40	上海市新闻出版局	上海市新闻出版专项资金监管和绩效评价管理办法（修订稿）	第二、三、四条	2016年10月11日
41	中共上海市委办公厅	上海市"十三五"时期文化改革发展规划	第三、四、五条	2016年11月5日
42	上海市科学技术委员会	上海市高新技术企业认定管理实施办法	第二、三、四章	2016年11月18日

续表

序号	发文单位	文件名称	适用条款	发布时间
43	上海市文化创意产业推进领导小组办公室	2016年度上海市促进文化创意产业发展财政扶持资金项目申报指南	第二、三条	2016年12月28日
44	上海市经济和信息化委员会	上海创意与设计产业发展"十三五"规划（沪经信都〔2017〕22号）	第四、五条	2017年1月9日
45	上海市科学技术委员会	上海市科技创新计划专项资金管理办法	第三、四、五条	2017年6月9日

表B-6 广东省数字出版产业相关政策

序号	发文单位	文件名称	适用条款	发布时间
1	广东省新闻出版局	广东省新闻出版（版权）业"十一五"发展规划大纲	第三条	2006年7月24日
2	广东省人民政府办公厅	广东省文化产业发展"十一五"规划	第三、四条	2007年4月10日
3	广东省人民政府	广东省知识产权战略纲要（2007—2020年）	第二、三条	2007年11月6日
4	中共广东省委办公厅、广东省人民政府办公厅	关于加快提升文化软实力的实施意见	第二、三、四条	2009年10月13日
5	中共广东省委、广东省人民政府	广东省建设文化强省规划纲要（2011—2020年）	第五条	2010年7月23日
6	广东省新闻出版局	关于做大做强我省出版产业意见的通知	第二、三条	2010年9月10日
7	中国人民银行广州分行、广东省财政厅	关于金融支持广东省文化产业振兴和发展繁荣的实施意见	第二、三、四条	2011年5月4日
8	广东省文化厅	关于加快珠江三角洲地区文化创意产业发展的指导意见	第一、三条	2011年6月20日
9	广东省新闻出版局	关于支持和促进广东省南方文化产权交易所发展若干意见	第二条	2011年7月27日
10	广东省新闻出版局	广东省新闻出版和版权业"十二五"发展规划	第四、五条	2011年8月30日
11	广东省人民政府办公厅	广东省文化事业发展"十二五"规划	第三、四条	2012年4月6日

续表

序号	发文单位	文件名称	适用条款	发布时间
12	广东省财政厅、广东省中小企业局	广东省财政扶持中小企业发展专项资金管理暂行办法	第三、四、五章	2012年4月17日
13	广东省人民政府办公厅	关于促进我省设计产业发展的若干意见	第三、四、五条	2012年9月2日
14	中共广东省委办公厅、广东省人民政府办公厅	关于促进我省文化和科技融合发展的意见	第二、三、四条	2013年2月7日
15	广东省外经贸厅广东省文化厅	促进对外文化贸易发展实施意见	第二、三、四条	2013年3月30日
16	广东省人民政府	广东省信息化发展规划纲要（2013—2020年）	第七条	2013年5月10日
17	中共广东省委宣传部、广东省发展和改革委员会	关于加快文化强省建设的若干文化经济政策	第二、三条	2013年5月22日
18	广东省文化厅	文化创意产业园区（集聚区）管理办法	第三、四条	2013年7月30日
19	广东省发展和改革委员会	广东省国民经济和社会信息化"十二五"规划	第三条	2013年9月26日
20	广东省人民政府办公厅	关于进一步促进服务业投资发展若干意见	第二、三条	2014年5月4日
21	广东省财政厅、广东省经济和信息化委员会	广东省省级信息产业发展专项资金管理办法	第三章	2014年5月21日
22	广东省财政厅、中共广东省委宣传部	广东省文化产业发展专项资金管理办法	第三、四、五章	2014年5月23日
23	广东省财政厅、广东省经济和信息化委员会	广东省省级产业园扩能增效专项资金管理办法	第三章	2014年5月23日
24	广东省商务厅、广东省文化厅、海关总署广东分署	广东省文化产品和服务出口指导目录	第一、二条	2014年6月16日
25	广东省财政厅，广东省商务厅	服务贸易发展专项资金管理办法	第三、四、五章	2014年7月7日
26	中国人民银行广州分行、广东省文化厅、广东省财政厅	关于贯彻落实深入推进文化金融合作的实施意见的通知	第二、三条	2014年8月8日
27	广东省人民政府	广东省加快发展对外文化贸易实施方案	第一、二、三条	2015年2月16日
28	广东省财政厅、广东省经济和信息化委员会	广东省省级企业转型升级专项资金管理办法	第三章	2015年4月30日

续表

序号	发文单位	文件名称	适用条款	发布时间
29	广东省文化厅	关于加快构建现代公共文化服务体系的实施意见	第三条	2015年7月9日
30	广东省人民政府	广东省"互联网+"行动计划（2015-2020年）粤府办	第二条	2015年9月23日
31	广东省人民政府	关于深入实施知识产权战略推动创新驱动发展行动计划	第二、三条	2015年9月24日
32	广东省人民政府	广东省推进文化创意和设计服务与相关产业融合发展行动计划	第二条	2015年11月13日
33	广东省人民政府知识产权办公会议办公室	广东省知识产权事业发展"十三五"规划	第三、四条	2017年1月4日
34	广东省发展改革委员会	广东省现代服务业发展"十三五"规划	第五节	2017年4月13日
35	广东省人民政府	广东省国民经济和社会发展第十三个五年规划纲要	第四、十二章	2017年4月20日
36	广东省财政厅、广东省经济和信息化委员会	广东省省级工业和信息化专项资金管理办法	第三章	2017年7月21日
37	广东省新闻出版广电局	广东省新闻出版广播影视版权"十三五"发展规划	第二、三条	2017年8月7日
38	深圳市人民政府	关于加快文化产业发展若干经济政策（深府〔2005〕217号）	第六、七条	2005年12月28日
39	深圳市人民政府	深圳市文化产业发展专项资金管理暂行办法	第三、四章	2005年12月28日
40	深圳市人民政府	深圳市文化产业发展规划纲要（2007—2020）	第三条	2008年3月11日
41	深圳市人民政府	深圳市国民经济和社会发展第十二个五年规划纲要	第三章	2011年1月19日
42	深圳市人民政府	深圳文化创意产业振兴发展规划（2011—2015年）	第三条	2011年10月14日
43	深圳市人民政府办公厅	深圳市知识产权与标准化战略纲要（2011—2015年）	第三、四条	2011年12月23日
44	深圳市人民政府办公厅	深圳市文化发展"十二五"规划（深府办〔2012〕1号）	第三条	2012年3月6日
45	深圳市人民政府办公厅	深圳市促进知识产权质押融资若干措施	第二、三条	2012年4月24日

续表

序号	发文单位	文件名称	适用条款	发布时间
46	深圳市财政委员会	深圳市知识产权专项资金管理办法（深财规〔2014〕18号）	第三、四章	2014年12月8日
47	深圳市人民政府	深圳市国民经济和社会发展第十三个五年规划纲要	第十一章	2016年5月9日
48	深圳市人民政府办公厅	深圳市文化发展"十三五"规划（深府办〔2016〕31号）	第三条	2016年9月27日
49	深圳市市场和质量监督管理委员会	深圳市知识产权"十三五"规划	第三、四条	2016年11月3日

表B-7 上海张江国家数字出版基地政策汇总

序号	发文单位	文件名称	发布时间
1	上海市浦东新区财政局、张江高科技园区管理委员会	关于建立"张江国家数字出版基地建设专项资金"的通知	2008年8月2日
2	上海市浦东新区财政局、张江高科技园区管理委员会	张江国家数字出版基地数字出版企业（机构）认定办法（试行）	2009年5月19日
3	上海市浦东新区财政局、张江高科技园区管理委员会	张江国家数字出版基地建设专项资金管理办法（试行）	2009年5月19日
4	上海市浦东新区财政局、张江高科技园区管理委员会	张江国家数字出版基地建设专项资金专家评审实施细则（试行）	2012年3月23日
5	上海市浦东新区财政局、张江高科技园区管理委员会	张江国家数字出版基地建设专项资金原创项目扶持实施细则（试行）	2012年3月23日
6	上海市浦东新区财政局、张江高科技园区管理委员会	张江国家数字出版基地建设专项资金产业化项目贷款贴息实施细则（试行）	2012年3月23日
7	张江高科技园区管理委员会	关于"十二五"期间促进上海市张江高科技园区创新发展的若干意见	2012年7月30日
8	张江高科技园区管理委员会	上海市张江高科技园区文化产业发展扶持办法	2012年1月11日
9	张江高科技园区管理委员会	上海市张江高科技园区自主创新人才激励办法	2012年12月31日
10	张江高科技园区管理委员会	上海市张江高科技园区企业发展扶持办法	2012年12月31日

续表

序号	发文单位	文件名称	发布时间
11	张江高科技园区管理委员会	上海市张江高科技园区产业扶持管理办法	2012年12月31日
12	张江高科技园区管理委员会	上海市张江高科技园区环境保护和节能减排扶持办法	2012年12月31日
13	张江高科技园区管理委员会	上海市张江高科技园区科技中介组织发展扶持办法	2012年12月31日
14	张江高科技园区管理委员会	上海市张江高科技园区企业集中服务试点管理办法	2012年12月31日
15	张江高科技园区管理委员会	上海市张江高科技园区人才公寓管理办法	2012年12月31日
16	张江高科技园区管理委员会	上海市张江高科技园区知识产权工作奖励办法	2012年12月31日
17	张江高科技园区管理委员会	上海市张江高科技园区科技公共服务平台扶持办法	2012年12月31日
18	张江高科技园区管理委员会	上海市张江高科技园区科技专项配套与奖励办法	2012年12月31日
19	张江高科技园区管理委员会	上海市张江高科技园区企业信用体系建设管理办法	2012年12月31日
20	张江高科技园区管理委员会	上海市张江高科技园区创业投资管理办法	2012年12月31日
21	张江高科技园区管理委员会	上海市张江高科技园区行政审批和政府服务"零收费"管理办法	2012年12月31日
22	张江高科技园区管理委员会	上海市张江高科技园区科技孵化及加速发展扶持办法	2012年12月31日
23	上海市人民政府	张江国家自主创新示范区企业股权和分红激励办法（沪府发〔2016〕48号）	2016年7月14日

表B-8　广东省国家数字出版基地（天河软件园、深圳园区—龙华新区）政策汇总

序号	发文单位	文件名称	发布时间
1	广州市天河区人民政府	广州市天河区产业发展专项资金管理办法	2015年10月21日
2	广州市天河区人民政府	广州市天河区产业发展专项资金支持科技创新产业发展实施办法	2015年11月12日

续表

序号	发文单位	文件名称	发布时间
3	广州市天河区人民政府	广州市天河区产业发展专项资金支持天河科技园和软件园发展实施办法	2015年11月12日
4	广州市天河区人民政府	广州市天河区产业发展专项资金支持重点企业落户实施办法	2015年12月12日
5	广州市天河区人民政府	广州市天河区产业发展专项资金支持高端服务业发展实施办法	2015年11月12日
6	广州市天河区人民政府	广州市天河区产业发展专项资金支持天河科技园、天河软件园发展实施办法	2015年11月12日
7	广州天河软件园中央商务区管理委员会	天河区移动互联网企业租金补贴管理办法	2016年3月23日
8	广州天河区科技工业和信息化局	天河区科技专项服务资助暂行办法	2016年4月5日
9	广州天河区科技工业和信息化局	天河区科技企业孵化器、众创空间认定管理暂行办法	2016年4月5日
10	广州天河区科技工业和信息化局	天河区高高新技术产品产值补贴暂行办法	2016年4月5日
11	广州天河区科技工业和信息化局	天河区战略性新兴产业创业投资引导基金管理办法	2016年4月5日
12	深圳市龙华新区管理委员会	龙华新区关于加快高新技术和战略性新兴产业发展的若干措施（试行）	2012年8月5日
13	深圳市龙华新区管理委员会	龙华新区关于加快现代服务业发展的若干措施（试行）	2012年8月5日
14	深圳市龙华新区公共事业局	龙华新区文化创意产业发展专项资金管理实施细则	2013年9月12日
15	深圳市龙华新区经济服务局	龙华新区科技与产业发展专项资金实施细则（科技创新分项）	2015年10月21日

主要参考文献

[1] 陈文倩.我国数字出版产业政策研究[D].郑州:郑州大学,2013.

[2] 崔景华.韩日数字出版产业发展现状及扶持政策[J].出版发行研究,2012(10).

[3] 段诗韵.美英德数字出版产业的政策机制及其借鉴意义[D].武汉:中南大学,2013.

[4] 莫远明.国家数字出版基地的政策演进与发展态势分析[J].新观察,2012(8).

[5] 数字出版政策摘要[J].中国高新技术企业,2011(8).

[6] 谭冰.我国数字出版产业相关政策分析[J].出版广角,2014(1).

[7] 夏萍.我国数字出版产业的问题及政府监管研究[D].武汉:湖北大学,2013.

[8] 张立.中国数字内容产业市场格局与投资观察(2015)[M].北京:社会科学文献出版社,2016.

[9] 郑凌峰.国家数字出版基地政策工具选择研究[D].厦门:厦门大学,2014.

[10] 中国新闻出版研究院.2016—2017中国数字出版产业年度报[R].北京:中国新闻出版研究院,2017.

[11] 周艳梅.我国数字出版产业政策法规回顾与展望[J].中国出版,2013(11).